《广播电视学实务系列教材》（修订版）编委会

编委会主任：冉光泽
编委会副主任：程选民
编　　　委：曹　钢　李　莉　周建华
　　　　　　陈　臻　高　玮　何　倩
　　　　　　李国光　马东丽　车南林
　　　　　　魏　雄　任静宜　王强春
　　　　　　何　芳　钟　智　张　洁
　　　　　　何　苗　罗　森　徐　袅

▶ 广播电视学实务系列教材

融媒体采访
实务

RONGMEITI CAIFANG
SHIWU

李国光　马东丽
王强春　任静宜　编著

四川大学出版社

项目策划：徐　燕
责任编辑：陈　蓉
责任校对：罗永平
封面配图：彭炳谕　张家荣
封面设计：墨创文化
责任印制：王　炜

图书在版编目（CIP）数据

融媒体采访实务 / 李国光等编著. — 成都：四川大学出版社，2022.2
广播电视学实务系列教材
ISBN 978-7-5690-5270-1

Ⅰ. ①融… Ⅱ. ①李… Ⅲ. ①新闻采访－高等学校－教材 Ⅳ. ①G212.1

中国版本图书馆CIP数据核字（2021）第277441号

书　名	融媒体采访实务
编　著	李国光　马东丽　王强春　任静宜
出　版	四川大学出版社
地　址	成都市一环路南一段24号（610065）
发　行	四川大学出版社
书　号	ISBN 978-7-5690-5270-1
印前制作	四川胜翔数码印务设计有限公司
印　刷	郫县犀浦印刷厂
成品尺寸	170mm×240mm
插　页	2
印　张	11.5
字　数	222千字
版　次	2022年3月第1版
印　次	2022年3月第1次印刷
定　价	38.00元

版权所有 ◆ 侵权必究

◆ 读者邮购本书，请与本社发行科联系。
　电话：(028)85408408/(028)85401670/
　(028)86408023　邮政编码：610065
◆ 本社图书如有印装质量问题，请寄回出版社调换。
◆ 网址：http://press.scu.edu.cn

四川大学出版社
微信公众号

总　　序

进入 21 世纪第三个 10 年，作为国内传统媒体主要组成部分的广播电视面临着传播环境的急剧变化。

广泛应用的新媒体在向传统的广播电视发起挑战的同时，又为广播电视的信息传播提供了新的渠道、新的载体，并赋予其新的形式。数字电视提供了更多的频道和更多样的节目服务；智能手机各种视听应用的普及，颠覆了传统广播电视节目的传播模式；移动电视、大型户外显示屏则把视听节目送到城市里每一个注意力聚集的角落；至于超高清电视、VR 和 AR 乃至 MR 视频等高新视听内容，则对视听产品的生产提出了更高、更新的要求。反映在概念上，依托网络的"视听产品"概念取代原有"电视节目"概念的势头已然不可逆转。

以微博、微信、抖音、快手、哔哩哔哩、西瓜视频等为代表的依托移动互联网的"自媒体"的诞生，冲击着新闻从业人员和专业视听生产者的原有地位，促使各类社会主体不依靠新闻媒体而大量从事"自主传播"。这一方面对包括广播电视工作者在内的专业传播人员提出了新的业务要求，同时又在更广阔的范围内刺激了广泛的对传播专门人才的需求。

不但如此，受政策利好的刺激，文化产业的发展也以强劲的势头展开。这也对广播电视产生了深刻的影响。表现在：一方面，属于公益部分的广播电视新闻传播和公益信息服务被纳入文化大发展的总体部署，继续受到重视；另一方面，具有营利功能的影视产业、网络视听节目产业、视听产品出版业、动漫游戏产业、演艺产业等作为文化产业的具体支撑门类步入蓬勃发展的快车道，为广播电视（视听）节目的制作和传播开拓了新的领域，提供了新的机遇。

在国家的大力推动下，以媒体深度融合为基本内容的主流媒体转型改革加速推进，建设包括县级融媒体中心在内的融媒体机构成为主流媒体转型的基本任务。从 2020 年起，1~2 年内主流媒体完成将主阵地转移到互联网的目标，

融媒体新闻信息产品生产、发布、反馈的流程再造成为主流媒体共同面对的课题。由此，全新的既具备传统媒体看家本领，又能娴熟运用新媒体尤其是移动新媒体的专业人才，成为传媒业界紧迫需求的对象。

这种巨大变化促使广播电视从业人员深深思考，我们将怎么适应？怎么应对？而作为身处广播电视领域的高等院校教育工作者，我们也在思考同样的问题。

多年来，我们一直在从事广播电视学本科的专业教学。从我们广泛收集的来自不同层面的毕业生和用人单位反馈的信息可以发现，针对毕业生的能力素质，用人单位有一个共同要求，即：学生必须具备一定的理论功底，具备较高的文化素养，尤其需要具备很强的动手能力和实践能力，包括一定程度的创新创业能力，并且能够做到上岗就能从事工作，在上岗和顺利履职之间不应有太长的过渡期。只有这样的毕业生才能受到用人单位的欢迎。

但目前国内高等教育的现状与来自用人单位的要求相比，还有一定的差距。根据我们的理解，正因为如此，《教育部关于全面提高高等教育质量的若干意见》（教高〔2012〕4号文）才就优化学科专业和人才培养结构提出"加大应用型、复合型、技能型人才培养力度"的要求；针对创新人才培养模式提出"探索科学基础、实践能力和人文素养融合发展的人才培养模式"的要求。2014年6月召开的全国职业教育工作会议作出了"部分本科高校（应用）转型"的部署。国务院《关于加快发展现代职业教育的决定》（国发〔2014〕19号文）提出"深化产教融合、校企合作，培养数以亿计的高素质劳动者和技术技能人才"的要求。2020年9月中共中央办公厅、国务院办公厅下发的《关于加快推进媒体深度融合发展的意见》，围绕媒体深度融合改革的战略布局，明确提出"要大力培养全媒体人才"的要求。"广播电视学"等专业主要为广播电视领域和新媒体视听信息传播领域提供高素质专业人才，按照党和国家的要求及部署，毫无疑问应该纳入以应用型人才培养为目标的转型改革之中。

转型改革涉及多个方面，但教材改革显然居于重要地位。"广播电视学实务系列教材"，就是按照上述精神编撰的。在这套教材中，《实用传播学简明教程》是传播学教材的实用缩略版，它将传播学的基本理论与传播学的若干重要实际应用结合起来，形成了针对应用型本科人才培养的传播学课程体系；《融媒体写作实用教程》顺应传播环境的变化，根据融媒体主流媒体工作岗位对人才能力的需求，将报刊文稿、广播文稿、电视文稿、网络文稿、手机媒体文稿等不同种类文稿的写作教学重新结构，科学安排，吸收最新研究成果，遴选最新成功案例，构建出培养学生具备融媒体写作能力的实用课程体系；《融媒采访实务》以纸质媒体、广播电视媒体、新媒体共存传播环境下及融媒体机构工作场景中的新闻采访为教学内容，力求构拟出具有与时俱进意义的采访教学课程体系；《电视策划实务》从培养学生具备电视领域的一般策划能力出发，对应电视界的工作现状组织教学内容，按照突出针对性和实用性的要求设计教学程序，具有明显不同于国内现有电视策划教材的特点；《纪实节目讲故事实用教程》，旨在顺应电视领域和网络视听产品领域纪实（非虚构）节目故事化叙事的国际潮流和市场需求，综合经典叙事学、后经典叙事学、叙事心理学和好莱坞实用叙事教学的理论菁华，汲取业界成功经验，结合国内电视节目、视听产品生产实际，结构出培训学生既掌握必要的叙事基础理论，又掌握纪实节目故事讲述基本技能技巧的实用课程体系；《新编摄像实用教程》在传统摄像教材的基础上，增加了高清数字摄像、3D摄像等内容，以及"模拟项目"摄像教学和练习等部分，具有针对性、实用性和前沿性；《实用新媒体简论》照顾到近两年新媒体飞速发展和主流媒体推进新旧媒体深度融合发展改革的现实，根据新媒体教学的新需求，按照实用性的要求，将新媒体的基本原理浓缩，结合新媒体传播领域可能遇到的工作问题，提出分析解决这些问题的基本思路，在理论和实际相结合的格局中，给读者以新媒体领域的智慧启迪。本次修订，编撰者们按照上述思路，在保证教材原有特点的基础上，适当地引入新的内容，吸纳新的信息，尽可能地让教材适应新的时代和新的要求。

由于这套教材的主要编撰者曾经以多种方式，在电台、电视台、报社从事过新闻采编或节目制作工作，从事过广播电视和报纸的采编或管理工作，从事过新媒体平台上的业务工作，又在广播电视本科教学领域从事过多年教学工作，所以他们对传媒业界和广播电视教育界都非常熟悉，对广播电视（视听节目）领域究竟需要什么样的人才非常清楚，对培养出能满足有关职业和岗位要求的合格毕业生需要采用什么方式、使用什么样的教材，非常清楚。多年来，他们一直在寻求能够完全符合自身教学理念的理想教材，但暂时未能如愿。于是，经过反复研究磋商，最后决定自己编写一套合意的读本，于是就有了这套"广播电视学实务系列教材"。这套教材虽然有着现在这个系列名称，但并不意味着它只适合广播电视学专业，因为编撰者们在撰写时就考虑了本系列教材的通用性，加之新闻传播领域各专业又具备相当的共同性，所以可以负责任地讲，所有新闻传播类的本科、专科专业，都可以采用。甚至，各类传媒机构、社会文化公司、政府机构和大型企事业单位的宣传推广部门，也可以利用这套教材进行在职培训。经过本次修订之后，这套教材也能够满足网络新闻信息产品采编和网络视听产品制播的需求。总之，这套教材的前沿性、针对性、实用

性、可操作性，保证了它可以满足上述种种方面的需求。

虽然编撰者们非常认真地对待自己的工作，在撰写过程中精益求精，但出于水平、能力、视野等种种因素的限制，这套教材一定还存在不少疏漏和错讹，诚望各位读者不吝赐教，给予批评指正。

最后，我要对四川大学出版社表示衷心感谢，对语言文字编辑部的徐燕主任和各位责任编辑表示衷心感谢。没有他们的辛勤付出，这套教材是难以顺利出版的。

编撰出版各类能够满足应用型、复合型、技能型高级人才培养需求的教材，是我国高等教育领域一项非常有意义的工作。如果我们的努力能够对这项工作有所贡献，我们将感到非常荣幸；如果我们的努力能够吸引更多的同道与我们共同关注、共同投入这项工作，则幸之甚也。

是为序。

冉光泽
2021 年 6 月于成都

【注：作者系四川传媒学院融合媒体学院院长，教授、高级编辑】

序 言

采访是记者的一项基本功,是一种特殊的调查研究方法。记者采访的目的在于传播,如何通过采访写出"沾泥土""带露珠""冒热气"的新闻报道,是记者面临的核心问题。

在21世纪的今天,随着网络技术的发展,以大数据、云计算、人工智能、移动互联网、5G为特征的融媒体报道已经成为全世界媒体发展不可阻挡的趋势。在这个"人人都是记者"的时代,每个人既是新闻的接受者,也是新闻的传播者。在海量的网络信息中,我们面对的不只是各种信息的披露、观点的分析,还有谣言、攻击、谩骂等网络暴力现象。主流媒体的记者肩负着客观报道、厘清事实、了解真相、权威解读和正确引导舆论的重要使命,而扎实的新闻采访能力是履行这一使命的根本所在。

德国哲学家海德格尔在《世界图像时代》中提到"世界图像并非意指一幅关于世界的图像,而是世界被把握为图像"。当今社会已经进入了读图时代,文化的视觉转向已经成为不争的事实。报纸、广播、电视等传统主流媒体的边界开始模糊,代之而起的是以移动互联网为底层技术逻辑的,以图片、短视频和数据可视化为主体的融媒体产品。这些产品在内容生产、分发和传播渠道等方面和传统媒体相比发生了巨大的变化,具体表现在呈现方式多样化、传播模式矩阵化、传播效果圈群化。但是,不管产品的内容呈现形式如何变化,新闻采访的本质没有改变,只有遵循新闻基本规律的采访才能生产出高质量的内容产品,才能在信息洪流中立于不败之地。

《融媒体采访实务》是一本介绍如何在网络时代进行新闻采访的专业教材,具有鲜明的时代气息。本书从融媒体采访概述、能力要求、准备工作、采访方法、采访实践、采访运用和融媒体新闻的写作方法等七个方面进行详细阐述,同时对融媒体中心的工作流程和融媒体采写的创新发展进行了介绍和展望,是一部集学术性和实践性于一体的融媒体采访实务教材。本书既参考了国内权威新闻采访实务教材的体例、内容和写法，又力求突出自己的特色，基本做到了理论和实践相结合，且突出了实践性。本书不仅适合高校传媒类专业学生使用，对于喜欢新闻采访的学习者也具有指导价值。

  本教材编写团队成员由来自业界和学界的中青年教师组成，由于水平有限，本教材难免有挂一漏万之处，恳请各位同仁批评指正！

李国光

2021 年 7 月

目 录

第一章　融媒体概述 …………………………………………（ 1 ）
　　第一节　融媒体的简介 ……………………………………（ 1 ）
　　第二节　融媒体的现状及优劣势 …………………………（ 9 ）
　　第三节　融媒体采写面临的挑战 …………………………（ 14 ）
　　第四节　融媒体采访的基本原则 …………………………（ 23 ）

第二章　融媒体团队培养 ……………………………………（ 26 ）
　　第一节　融媒体记者的从业要求 …………………………（ 26 ）
　　第二节　融媒体记者的素质 ………………………………（ 30 ）
　　第三节　融媒体记者的培养 ………………………………（ 33 ）
　　第四节　融媒体团队的建立 ………………………………（ 37 ）

第三章　融媒体采访的准备工作 ……………………………（ 40 ）
　　第一节　新闻发现 …………………………………………（ 40 ）
　　第二节　信源与采访对象 …………………………………（ 45 ）
　　第三节　采访前的计划与准备 ……………………………（ 49 ）

第四章　融媒体采访的方法 …………………………………（ 55 ）
　　第一节　确定选题 …………………………………………（ 56 ）
　　第二节　选择采访对象 ……………………………………（ 58 ）
　　第三节　实施采访 …………………………………………（ 61 ）
　　第四节　采访的方式 ………………………………………（ 77 ）

第五章　融媒体新闻的采访实践 ……………………………（ 81 ）
　　第一节　融媒体时代的新闻采访 …………………………（ 81 ）
　　第二节　融媒体新闻的呈现方式 …………………………（ 86 ）

第六章　融媒体新闻的信息运用 …………………………………（ 98 ）
第一节　培养适应融媒体传播的复合技能 …………………（ 99 ）
第二节　融媒体新闻思维 ……………………………………（103）
第三节　培养对信息的多维处理能力 ………………………（106）

第七章　融媒体新闻写作 …………………………………………（110）
第一节　融媒体新闻写作的基本原则 ………………………（110）
第二节　融媒体新闻写作的基本要求 ………………………（113）
第三节　融媒体新闻的写作方法 ……………………………（117）

第八章　融媒体新闻的编辑与发布 ………………………………（133）
第一节　融媒体新闻编辑 ……………………………………（133）
第二节　融媒体新闻审稿 ……………………………………（137）
第三节　融媒体新闻发布 ……………………………………（148）

第九章　融媒体采写的创新发展 …………………………………（157）
第一节　VR新闻 ……………………………………………（157）
第二节　机器人新闻 …………………………………………（162）
第三节　数据新闻及数据可视化 ……………………………（165）

后　记 ………………………………………………………………（175）

第一章 融媒体概述

最近几年,大家经常听到"融媒体"这个词。学习融媒体首先需要搞清楚什么是融媒体。融媒体是一个理念,这个理念得以实现的前提是新旧媒体之间的融合。媒体的融合至少要包含以下几点:(1)资源容纳。融媒体可以合理整合新旧媒体的人力和物力,将媒介资源转变为共同服务。(2)优势互补。媒体整合的目的是建立一种新型的和谐、互补和互信的媒体关系。打造"融媒体",就是摆正新旧媒体关系,分析新旧媒体的利弊,优势互补、扬优去劣,达到 $1+1>2$ 的效果。做到"他无我有",不排异,不拒绝,都把"他"当作自己的一部分,兼收并蓄。(3)利益共享。媒体的发展是为社会和人们的生活提供保障,通过建构融媒体平台,打通各种媒介平台互联的"最后一公里",实现共融理念下的媒体融合,重整文字、图像、声音等各种数据库信息,通过计算传播、数据库建设进入数据营销的新场景。

第一节 融媒体的简介

伴随着电子技术、互联网技术和移动终端技术的进步,以报纸、杂志、广播、电视为代表的传统媒介,正面临着传播方式的转变。在以技术为主导的新生态下,传统视听媒体正向融合传播的方式迈进,媒体融合经过了人人融合、思想融合和媒介互融三个过程。融媒体就是充分利用媒体这个载体,整合广播、电视、报纸等各种媒体的共同特点,整合人力资源、内容以及宣传的各种优势,实现"资源通融、内容兼融、宣传互融、利益共融"的一种新型传播中介。

融媒体以最新的数字网络技术为支撑,通过互联网、有线网络和无线网络等途径,在终端设备手机、电脑以及数字电视中,以微信、微博、社交网

站、论坛、视频等形式进行信息传播。这充分体现了融媒体在技术、途径、平台和载体等多个方面不同于传统媒体，完善了传统媒体所欠缺的诸多传播特性。

一、融媒体概念界定

融媒体最早的概念起源于美国麻省理工学院普尔教授提出的"媒介融合"概念，他指出：各种媒介呈现出多功能一体化趋势。这里的各种媒介主要是指电视、广播、报刊等传统媒介。美国新闻学会媒介研究中心主任安德鲁·纳齐森将媒介融合定义为：技术的、音频的、视频的、互动性数字媒体组织之间的战略的、操作的、文化的联盟。从国外最早的媒介融合概念可以看出，将不同传播媒介的资源融合在一起，构成了融媒体的雏形。

我国新闻学者李良荣先生认为，媒介融合是指各种媒介形态的边界逐渐消融，多功能复合型媒体逐渐占据优势的过程和趋势。目前学界通行的媒介融合定义如下："充分利用互联网载体，把那些既有共同点，又存在互补性的不同媒介，在人力、内容、宣传等方面进行整合、实现'资源通融、内容兼融、宣传互融、利益共融'的媒体。"国内外关于媒体融合的界定虽然不太相同，但是都指出了融媒体是媒介资源的整合，资源整合是融媒体的核心，只是国内外媒介各方面要素融合的方式和路径各有差异，但最终均是实现利益共融。

二、融媒体的特征

首先，融媒体是不同形态的媒体融合。基于媒介历史的变迁，人们通常认为，第一媒体是报纸杂志，第二媒体是广播媒介，第三媒体是电视媒体，第四媒体是网络媒体，第五媒体是移动媒体，所以融媒体可以理解为第六媒体。这是按照时间顺序进行排列的，显然融媒体是基于以上媒介形态发展起来的一种新型媒介形态。在传媒史上，前三种媒体被称为传统媒体，而第四、第五媒体被称为新媒体，因此融媒体也是传统媒体与新媒体相融合的一种媒介，它是嫁接于技术之上，依托现代技术平台，实现现代互联网信息技术融合的一种媒介。融媒体技术平台包括基础通信网络技术的发现、互联网应用技术的革新、媒体及互联网硬件技术的结合，是在数据通信技术发展史上，吸纳了即时通信、网络视频、多屏互动、电子商务活动连接的一种媒介技术手段。

其次，融媒体是媒体间资源、内容、传播渠道共享的整合。罗以澄教授指出,"从传媒形态的整合开始,它经历了传媒形态的结合、传媒技术的整合、产业形态的整合,将是中国传媒整合发展的重大趋势之一"。融合是媒介发展的大势所趋,融合的方向不仅仅是个体的简单相加,更多的是资源共享,通过云技术,将从四面八方采集的信息,通过不同平台技术进行编辑,然后统一发送到后台数据库,再根据不同的媒介特点和受众喜好,传播关于此事件的不同角度的报道。

最后,融媒体是具备自己特色、自身组织结构的媒介实体。融媒体是第六媒体,是具有独立传播特色的媒体,拥有自己的"中央厨房"和配套的传播产业链,像传统媒体一样,运用新媒体技术对采集的内容进行重组、剪辑、播放。广义的媒介的融合概念——媒介融合包括一切媒介及其有关要素的结合、汇聚甚至融合,不仅包括媒介形态的融合,还包括媒介功能、传播手段、所有权、组织结构等要素的融合——提到了所有权和组织结构,指明了媒介融合是基于实体机构,依托自身需求和共同性开展的,具有运营的身份。

三、融媒体与新媒体和自媒体的区别

新媒体是基于网络技术的,具有交互性与即时性的一种新型传播载体,它可以瞬间聚合海量信息,方便读者和传播者之间传递信息,其传播领域更为个性化与社群化。

新媒体的特性主要体现在以下几个方面。首先,采用数字技术,使得传播资源越来越丰富化;其次,采用网络技术,为海量信息进行多方向传播提供可能;再者,将各种传播媒介简单地融合于一体,实现"信息高速公路"的传播;最后,实时传播技术,加快传播速度的全球化。新媒体技术的应用,对于我们的信息传播有着非常重要的意义,它既是社会信息发展的需求,也是不断创新的核心动力。

新媒体的信息传播提升了受众的被动地位,增加了传受双方的互动性。同时,新媒体技术为人们进行信息的收集、处理和传输提供了空前便利的条件,有助于提高传播的质量和效率;改善了储备资源的自由化,使信息资源被少数机构垄断的现象得到改善,并为信息传播在短时间内迅速扩展到全球提供了可能。

自媒体可以从受众角度来理解,即受众传递信息时所能接触和使用的新型传播媒体,例如微博。这类媒体的传播具有"非统一"的声音,从而达到"点到点"的一种对等的传播概念。自媒体较早是由美国新闻学会媒体中心谢因·波曼与克里斯·威理斯两人于2003年联合发表的《自媒体报告》中提出来的,

他们认为 We Media 是一个普通市民经过数字科技与网络知识体系相连的一种中介，一个可以提供并分享他们的真实看法以及自身新闻的传播途径。

与传统媒体相比，自媒体的信息制作和传播具有以下特征：一是个体化。自媒体的信息传播全部都是由个人，即非组织传播者根据自己的想法进行采集、编写和发送的，中间没有经过信息把关人，而是直接传达给受众。二是自主性。自媒体又被称为"个人媒体"，是指私人化、平民化、普泛化、自主化的传播者，以现代化、电子化的手段，向特定的大多数或者特定的个人传递规范化或非规范化的新媒体的综合。自媒体的传播内容与现实的生活具有接近性，且传播方式自由，传播速度及时。其传播内容大部分是原创且简短的，利于传播。三是互动性强。自媒体重视时时互动，通过各种方式，例如抽奖、问答、关注等方式沟通，例如 Papi 酱在每个短视频后会加一个彩蛋，用诙谐幽默的语言或表演来回答网友无厘头的问题，无形中拉近与粉丝之间的距离。甚至在线下举办交流会，集合兴趣相投的粉丝来参加，同时有目的地投放一些广告进行赢利。

融媒体是将各种媒介传播系统融合在一个大的系统中，设立一个"中央厨房"后台指挥中心，得到同一信息后，经过传播技术处理，各媒介会根据各自的传播特性给平台相关属性用户群推送信息。媒体融合一直是当今新闻传播学界讨论的热门话题。在融媒体时代，新旧媒体该如何实现质的突破，新闻生产应该怎样跳出条条框框的束缚，这些有关变革创新的问题值得我们深思。

四、融媒体的发展历程

（一）以媒介变迁为对象的融合传播历程

我国媒介融合的发展大概经历了手机彩信（电子报）—网络报纸（广电节目）—全媒体—融媒体四个阶段。

1. 手机彩信（电子报）

第一阶段是报纸通过手机信号传输进入彩信电子报阶段。这个阶段大约集中在 1998 年至 2005 年，从简单便捷的手机彩信开始，电子报纸的雏形显现。2003 年《扬子晚报》手机版在移动和联通两个平台正式开通。2004 年 7 月 1 日，《中国妇女报》推出全国第一家手机报——《中国妇女报彩信版》，实现了手机用户与报纸的互动。

2. 网络报纸（广电节目）阶段

这一阶段大约集中在 2005 年至 2008 年。在这段时间，报纸上网成为一种普遍现象。与传统媒体相比，此时互联网新闻网站和观点节目上网使得新闻发行速度更快，受众浏览更便捷。这一时期的媒介融合仍没有实质性权限，但是报网（台网）互动开始萌芽，为后期的融合奠定了基础，并促使相关新闻政策制定和出台。

3. 全媒体阶段

这一阶段大约集中在 2008 年至 2014 年。这一时期，报纸（广电）与网络频繁互动，"两微一端"（微博、微信和客户端）是各个新闻机构的标配，媒介融合迈出了坚实一步，并向更深一步发展。这一时期学界和官方对于媒体的提法多种多样，如全媒体、自媒体、新媒体、融媒体等，其中，"全媒体"是最广为接受的一个概念。

4. 融媒体阶段

第四阶段是融媒体阶段，时间为 2014 年以后。2014 年被称为我国媒介融合元年。这一时期，政策推动传统媒体与新兴媒体融合发展，中央主流媒体和各地党报、广播电台等新闻机构走在了媒介融合前列。这一阶段，"融媒体"的概念被越来越多地使用，融媒体实践也越来越多，相关理论研究也开始增多，有关融媒体的研究进入繁荣时期。

以上是从媒介融合发展时间段进行的梳理，如果从程度来说，媒介融合又可以分为三个渐进式的发展时期：第一时期的核心词汇是"溶"，各种形态的媒介汇聚在一起，简单的媒介相加，"你是你，我是我"，为后期真正的媒介融合奠定了基础。第二时期的核心词汇是"融"，这一时期不同媒介开始形成"你中有我，我中有你"的状态，不同的媒介形态开始相互交融合并。第三个时期的核心词汇是"熔"，此时此刻媒介融合是相互感染，将媒介内容进行杂糅，相互渗透，彻底打通，统一平台呈现不同角度的报道，"你就是我，我就是你"。

我国官方首次公开使用"融媒体"概念是在 2017 年 3 月 22 日，由中共中央政治局常委、中央书记处书记刘云山在人民日报社调研时提出。他走访了"中央厨房"，听取了融媒体采编发平台建设情况介绍，首次使用融媒体概念，勉励大家精心做好新闻采集、编辑、发布工作，推出更多有影响力的融媒体产品。2017 年开始，融媒体概念被广泛使用。[①]

（二）以技术创新为对象的融合发展

融媒体的出现离不开技术的发展与支持，技术是支撑融媒体发展的最底层

---

① 栾轶玫、杨宏生：《从全媒体到融媒体：媒介融合理念嬗变研究》，载于《新闻爱好者》，2017 年第 9 期，第 30 页。

因素，也是推动融媒体不断成长臻至成熟的核心因素。从 3G、4G 到 5G，核心技术的发展加上媒介形态的整合，使融媒体发展的速度越来越快，媒介融合的程度也越来越深入。

2013 年，中国 4G 移动通信正式启动，加之 3G 基础上移动互联网的深度渗透，新媒体发展迎来新契机，"两微一端"的蓬勃发展使中国进入了双屏互动传播时代。微博、微信、客户端使得受众从原来大屏时代进入了移动化时代，给受众带来了全新的视听体验。当然，国家也不断出台政策和规制行动，推进媒介融合的发展，如中国工业和信息化部发布《信息化和工业化深度融合专项行动（2013—2018 年）》，推进双屏互动的发展。

2014 年，习近平总书记提出建设网络强国战略部署，我国互联网和信息化工作取得了显著的发展成就，网络走入千家万户，网民数量位居世界前列，我国已成为网络大国。通过这次讲话可以看出，国家对于网络管理与发展进行了全面部署与规划，也为各媒体的网络融合提供了发展方向。

2016 年，习近平总书记召开网络安全和信息化工作座谈会时提出了关于建设网络强国的重要思想，同年机器人写稿开始出现在新闻生产领域，腾讯新闻、今日头条等平台表现突出。

2017 年，智能媒体开始广泛运用，"人工智能"首次被写入政府工作报告。在本年度的两会报道中，新华社、《人民日报》、《光明日报》等推出智能交互机器人参与新闻生产。与此同时，增强现实（AR）、虚拟现实（VR）、无人机等技术深入变革改造传统新闻产品形态，多媒交互时代到来，全新的媒介生态正在形成，全新的媒介融合场景逐步渗入我们生活的各个领域。

2017 年两会期间，虚拟主播与朋友圈相互联系，以短视频、第五代超文本标识语言（H5）、动画等为代表的新型两会信息传播方式诞生，不仅表现方式生动活泼，而且内容十分接地气，对于传播两会政策起到了重要作用。①

中央人民广播电台推出了《央广主播朋友圈里都有啥？》《@你 央广主播王小艺的朋友圈又更新啦》等场景视频 H5（如图 1-1），通过微信公众号、微信群、朋友圈广泛传播，首期点击量就超过 100 万次。用户点击链接进入后，犹如进入真正的微信朋友圈，在一个全屏模拟朋友圈的画面中，央广主播王小艺就站在右下角，通过肢体动作（滑动朋友圈、点击）和口播解读一条条朋友圈信息。竖屏传播贴合移动客户端受众的接收习惯，加上语言

---

① 《场景视频的 H5 创新 以央广两会 H5 "王小艺的朋友圈" 为例》，https://www.sohu.com/a/129529441_114731，2017-03-21。

生动活泼，抠图和背景模拟 AR，其沉浸性传播的效果十分突出，让受众有身临其境之感。

图 1-1 《@你 央广主播王小艺的朋友圈又更新啦》视频画面

2018 年，媒体大脑正式上线。媒体大脑是指利用智能合成形象和数据计算所形成的一个大型智能数据库，它可以根据数据运算和指令自动寻找新闻线索，并具备策划、采访、生产、分发、反馈等多重新闻报道功能。2018 年 11 月，新华社联合搜狗发布全球首个合成新闻主播——AI 合成主播，开创新闻传播领域实时音频由 AI 真人形象合成的先河。[①] 媒体大脑与新闻传媒的结合，可以实现舆情分析、可视化图标制作与视听产品的生产。截至 2018 年 3 月 20 日，"媒体大脑"共智能生成 6 期两会 MGC 视频新闻（如图 1-2），海内外总浏览量超过 1200 万次，覆盖量超过 1 亿人。

---

① 《新华社联合搜狗推出全球首个 AI 合成女主播》，https://baijiahao.baidu.com/s?id=1625948573678121814&wfr=spider&for=pc,2019-02-20。

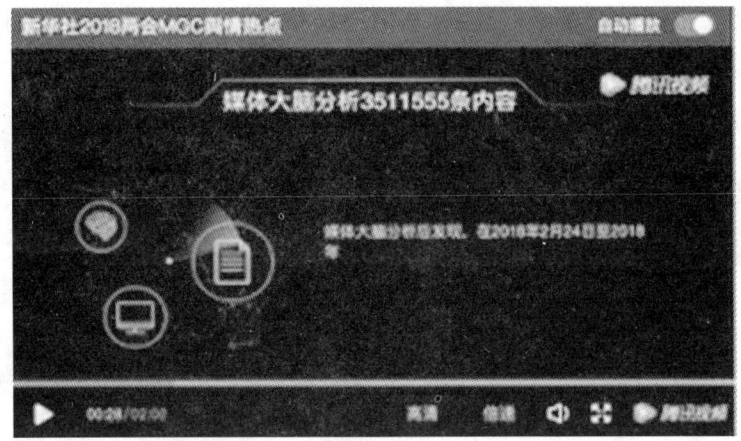

图 1-2 2018 两会 MGC 舆情热点

2019 年智能主播正式上线。以新华社记者赵琬微为原型，基于超写实 3D 数字人建模、多模态识别及生成、实时面部动作生成及驱动、迁移学习等多项人工智能前沿技术，使机器可以基于输入文本生成逼真度极高的 3D 数字人视频内容（如图 1-3）。智能主播可以流利顺畅地播报新闻稿，也可以实现智能互动。①

图 1-3 全球首个 3D AI 合成主播"新小微"

---

① 《中国女记者为原型 全球首个 3D AI 合成主播亮相》，https://baijiahao.baidu.com/s?id=1667337190632844555&wfr=spider&for=pc, 2020-05-22。

第二节 融媒体的现状及优劣势

一、融媒体的现状概述

融媒体的产生是科技进步和革新的大势所趋，是社会科技发展的必然结果。随着互联网的普及和信息传递的便捷化，受众对获取信息的时效性要求越来越高，满足受众的多样化和个性化需求是媒介融合的重要动力。我国在媒介融合时代提出了三网融合，建立了"中央厨房"，为满足受众的信息需求提供了基础保障。

（一）媒体融合的产业现状

（1）全球媒体加快融合发展步伐。国际电信联盟（ITU）发布的2014年度互联网调查报告显示，全球已有32亿人联网（如图1-4）。[①] 全球手机用户数达到71亿，手机信号已覆盖了全球超过95％的人口。新传播技术的发展形成全球新媒体变迁格局，诸如《纽约时报》、路透社、英国BBC等国外大型媒体集团相继开启了数字化和移动化发展之路。具有融合特征的转型方式成为全球传统媒体在网络浪潮中的主要应对措施。全球媒体融合发展的趋势特征更加明显，传统媒体与新媒体融合发展的广度拓宽、速度加快、力度增加，融合性发展已成为全球媒体行业的发展趋势。

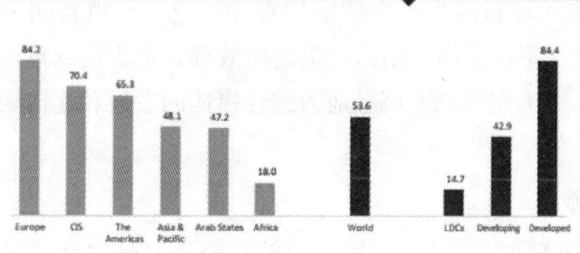

[①] 《年度互联网调查报告：全球已有32亿人联网 移动通信发展迅猛》，https://www.jiaheu.com/topic/84702.html，2014-11-19。

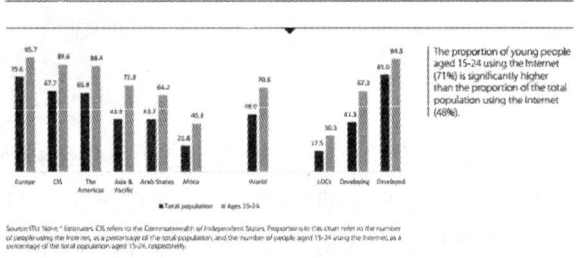

图1-4　ITU：2014年国际电信联盟年度报告

　　(2)"互联网+"成为媒体融合的新引擎。万物互联的第一个阶段正式开始，政府工作报告中首次提到了"互联网+"行动计划，推进移动互联网与电商、大数据、制造业等各领域的结合，促进网络经济新形态的发展，也推进互联网向传统媒体产业输出优质内容，在生产、制作、互动、营销、管理等各个环节充分发挥互联网优势，推动各产业和各种新媒体平台与互联网的发展。2016年7月2日，国家新闻出版广电总局发布《关于进一步加快广播电视媒体与新兴媒体融合发展的意见》，指明广播电视媒体在新时期进行转型发展的方向，明确规定了实施媒体融合的保障措施。

　　2016年被认为是融媒体发展的元年，这一年无人机、写稿机器人、虚拟现实（VR）纷纷介入媒介，智能设备终端开始与互联网媒介深度融合，由此出现了丰富多样的新闻采集与发布形式。机器人新闻、传感器新闻、数据新闻、GPS定位等一系列技术在新闻生产中的应用更加广泛，使得新闻事实的呈现形式也越来越多元化，不仅提高了信息传播的时效性，也为信息传播增加了趣味性和延展性。这一切工作都悄无声息地为融合媒体的发展和建构融合媒体传播新生态奠定基础。

　　(二) 媒体融合的发展现状

　　在技术的推动下，媒体融合呈现出欣欣向荣的趋势，但是融合的过程也不是一帆风顺的。首先表现在传统媒介和融媒体发展契合度不足。传统媒介对媒体融合的认识不清楚、思想不解放、目标不明确，从而使得传统媒介和新媒介融合出现了貌合神离的状态。传统媒介的发展历经数百年的更替变化，其发展的速度比较缓慢，但是现在新媒体发展的速度非常快，而且受众接收的效果非常好，使得传统媒介被迫"跌落"。这些因素导致传统媒体对新媒体有很多的理解误区，无法明晰传统媒体与新媒体融合的目标，以及融合的前景。

拥有强大资源与公信力的传统媒体在与日新月异的技术抗衡时，新媒体不断扩张自己的传播方式，最后导致两者之间的技术差异越来越大，流量变现更是使得新媒体异军独起。两者无法正确地认识和利用相互的内部资源，无法实现真正的内部资源与技术融合。2014年《关于推动传统媒体和新兴媒体融合发展指导意见》提出，要建立一批新型和大型的主流媒体集团，同时构建起新的现代媒体传播体系。然而，根据我国不同地区和不同媒体的差异，从中央到地方的媒体融合呈现出各自的特点。传统媒体始终把自己树立在舆论领袖的高度，在长期的生存发展中，受到"传统"的思维与运转模式影响，依旧坚守原始阵地的观念没有改变，继续占有"传播"字眼，以传统的观念管理经营，很显然已不再符合媒体融合时代发展要求。在与新媒体的合作中，传统媒体目标上的偏移和短视，是制约融合的根本原因。

相较而言，我国东部沿海地区媒体融合实践成果显著，如浙江卫视的"中国蓝TV"、湖南卫视的"芒果TV"等。传统卫视媒体与新媒体快速融合，迅速调整自身投入融媒体市场，使得其产品也迅速被受众接受。

二、融媒体的优势与劣势

（一）融媒体的优势

在面临突发事件时，传统媒体往往不能第一时间发声，对相关信息的传递具有滞后性，而融媒体可以通过受众第一时间得到信息，具备"事件发生时我就在现场"的传播优势，不需要经过层层上报过程，比传统媒体传播更及时。这就容易使得受众对传统媒体的话语权产生怀疑，有时甚至产生误解。传统媒体的失语使得受众更加倾向于接受融媒体的报道和发声，融媒体的功能就在日常生活的报道中异军突起，传播效果呈现向好趋势，并表现出以下特点：

一是媒介的融合化。与大众传媒的专业化、组织化、机构化不同的是，融媒体的信息采集者、编辑者和传播者，是可以交叉融合进行新闻传播的。他们将采、编、播、创、讲、传融于一体，还可以在线与受众互动。这样的新型传播媒介弥补了传统媒介的弊端，提高了受众的参与感与满意度。

二是内容的丰富化。由于传统媒体具有特定的受众，因此，其发布的内容一般来说具有某种特定性。融媒体则是集各种媒体特性于一身，其传播的内容非常丰富，而受众参与度的提高，势必对融媒体的传播内容提出严峻的挑战。在融媒体平台发布的内容不仅可以表达媒介的信息，也可以表达受众的信息。

三是传播途径的圈群化。所谓的"圈群化"主要表现在融媒体传播是点对点或者点对群的传播。因为融媒体可以实现移动传播,同时反馈效果快,受众能够在碎片化时间快速查找内容,甚至某些内容可以在瞬间实现信息爆炸效果,所以融媒体传播是一种圈群化的模式。也有学者认为"自媒体的储存路径不再是传统媒体一对多的扇形模式,而是多对多的网状模式",谢恩·包曼与克里斯·威里斯将其称为互播、社会网络传播、点对点传播。①

四是传播的快速化。时效性是新闻的生命线,传统媒体对新闻时效性的追求是尽快报道,而融媒体时代体现的是在场的即时报道。当新闻发生时,记者就在你的身边,只要手中有自媒体终端,每个人都可以成为新闻记者,成为传播者。融媒体对时效性的要求不再是发生事件时第一时间到达现场,而是发生事件时"我"就在现场。融媒体的时效性是基于网络传播,其时速用比特计算,其传播形式呈现多样的、沉浸的、互动的新型态势。

伴随着技术的不断发展,融媒体传播不仅有以上特点,还可以广泛接入更多技术,实现更强大的传播效果。其中"5G+4K+VR+AI""5G+8K/4K+AI+3D全息虚拟投影+区块链"等技术与传播方式的结合突破了传播边界的限制性,为信息传播提供了新的模式。海南广播电视总台借助"5G+虚拟演播室"等技术手段,创新设置《一分钟看两会》《"远"观两会》等专栏,实现了大会各项议程、报告内容、时政活动的精准报道。②(如图1-5)2021年全国两会召开前夕,由新华社新媒体中心推出的全新创意新闻产品——全球首个5G沉浸式多地跨屏访谈,全网综合传播量超过3亿。③(如图1-6)

---

① 周晓虹:《自媒体时代:从传播到互播的转变》,载于《新闻界》,2011年第4期,第21页。
② 《海南广播电视总台:革新图存、赢得未来的"二次创业"》,https://www.163.com/dy/article/FH0D1N4905346936.html,2020-07-08。
③ 《全球首个5G沉浸式多地跨屏访谈实现"空间穿越"》,https://baijiahao.baidu.com/s?id=16934436476645360 51&wfr=spider&for=pc,2021-03-06。

图 1-5 一分钟看两会

图 1-6 跨屏多地访谈（一）

图 1-6 跨屏多地访谈（二）

此次跨屏多地访谈实现了沉浸式探访、"跨次元"连线。远方不再是平面上单调的"二次元"画面，在演播室里，它成了可随时"穿越"的立体场景。先采集代表委员及其所在工作环境实时信号，再通过 CAVE 演播室技术将场景等比例还原；通过 5G、AI、MR 技术加持，主持人就能"跨入"代表委员实地工作和调研场景与代表委员交谈。演播室采用总面积近 400 平方米的五面智能 LED 屏幕，屏幕间距仅 1.2 毫米，清晰度 4K 以上，"3D 裸眼时代"打破时空壁垒，为受众带来沉浸式互动视听体验。

（二）融媒体的劣势

（1）融媒体把关人素养有待提升。传播大众化的出现导致传播公信力下降，媒介赋权下的受众既是信息接收者又是传播者，面对这一问题，记者得对自己发布的一切信息怀有高度责任感，保证信息的真实性，构建自身公信力。

（2）融媒体对外信息传播，信息供给不足。目前对外传播的融媒体产品形式上的吸引力大于内容上的丰富性。特别是对于中国政治新闻的融媒体传播，融媒体的报道只停留在对概念的重复上，没有针对外国受众对中国议题的理解能力进行充分的解读和阐释。这就容易导致外国受众只记住关键词，却不能完全理解，甚至有时理解出现偏差。

（3）融媒体产品缺乏延续性，不能进行持续传播。就现阶段来看，尽管有一些产品初步形成了系列，但是制作周期一般较长，前后的产品彼此影响力不能产生叠加的效果。现在我国社交网络公共服务账号基本实现了常态化运营，但是这些平台传播的内容并不都是融媒体产品。融媒体产品生产需要新闻人才和技术人才的双向融合，只有这样才能使得融媒体产品从形式融合走向内容融合，作品才能产生持续的影响力和传播力。

（4）融媒体产业链发展不成熟。相比传统媒体来说，融媒体创建的时间较短，相关产业链条不是特别完善。作为融媒体发展的重要支撑点，优质内容依然是其发展的核心。现阶段融媒体传播的内容大多缺乏原创性，在内容上难以满足现阶段多元化受众的需求和融媒体发展的要求，除此之外，融媒体相关市场营销也存在诸多问题，久而久之，对产业发展弊大于利。

（5）版权和信息安全问题有待考验。在三网融合的背景下，信息内容版权问题遭遇了较大考验，现阶段的版权争议层出不穷，导致现阶段融媒体产品版权界定争议屡见不鲜。信息的安全问题也越来越受到人们关注。三网融合下的网络环境更加开放，网络安全问题也不断出现，如用户信息泄露、虚假信息传播等，严重威胁了社会的和谐发展。①

第三节 融媒体采写面临的挑战

融媒体时代对新闻工作者的要求越来越高，新闻工作者除了需有扎实的专业知识，还需要博学多才，具备多种技能，才能完成高质量和高效率的传播活

---

① 辛平太：《浅谈融媒体时代传媒产业的发展现状及对策》，载于《西部广播电视》，2018年第2期，第19页。

动。要做好融媒体新闻采写工作，首先要了解什么是融媒体新闻。融媒体新闻的本质依然是对新近发生的事实的报道。在融媒体传播时代，高质量的新闻采访依然是优良新闻作品产生的根本保障，融媒体新闻产品只不过是将采访的内容进行不同类型的制作，而形成的不同信息传播形式。技术推动着融媒体新闻产品形式的变化，当然也影响着新闻采写的方式。

一、融媒体采访写作中存在的问题

采访方式和语言表达能力是新闻写作的重要前提和基础。部分新闻工作者自身语言表达能力不足，采访方式古板老套，提出的问题官方化、书面化，较为浅显，没有深度。被采访者被动接受，导致采访的内容对新闻写作意义不大，写作内容出现大量套话，乏味死板，进而导致新闻传播远离生活、脱离实际。

由于现代技术的影响，融媒体产品与数字的关系越来越密切，很多新闻工作者想借此提高新闻内容的准确性，实际上数据的过度使用会导致新闻核心内容受到影响，新闻价值缺失，使采访无法起到应有作用。丧失了价值的新闻，很难引起大众的兴趣。传统的新闻采访角度和提问模式束缚了新闻工作者的思维，而采访内容优质与否会直接影响新闻质量。

记者作为新闻采访报道工作的主体，对整个新闻采访报道效果有着决定性的影响。新闻记者往往需要对采访有整体把控力，能够灵活掌握形势，能提出恰到好处和切中要点的问题。在融媒体时代下，新闻信息及场面变化更加迅速，更需要新闻采访报道者具备很高的职业能力素养。

二、融媒体采写的革新方向

（一）采写的专业素质技能培养

新闻工作者要善于利用先进技术，运用高效便捷的采访方式。同时，为更好地应对采访中出现的各种问题，新闻工作者要有扎实的专业知识、丰富的实践经验、相关的专业技能，要善于总结及时解决突发问题的办法，避免因为采访不满足要求而需再次采访的情况。

新闻工作者可以利用网络的便利了解到不同渠道的新闻信息，第一时间发现新闻线索，研究、分析、判断事件的真实性，确定事件的来源，对信息发布者进行相关问题的采访。在媒体的创新中，新闻工作者要做好事实还原，对新闻信息的传播规律有所掌握，对新闻的传播途径有足够的了解和熟悉，提升新闻质量，不断提高自身专业素质和道德职业操守，提高自己的工作能力。

（二）创新采访方式，培养采访能力

融媒体时代下的新闻采访要求采访者不但能对被采访者进行提问，引导其回答问题，还要能够掌握更多的采访方式，并且熟练使用多媒体技术、摄影器材甚至后期的视频剪辑制作等。新闻工作者要寻找适合自己的有特色的采访方式。

在采访前，新闻工作者一定要做好准备工作。在采访过程中，要遵循真实性的基本原则，不能将个人感情掺杂其中，要保持客观中立的态度，给大众呈现事实真相。在采访的提问环节，新闻工作者要掌握技巧，在交流沟通中态度要平和有礼，和被采访者建立融洽的关系，降低被采访者的陌生感，以便双方在轻松的氛围中进行交谈。同时，提问内容要全面，详略要恰当，要认真听对方的话，善于从回答中抓住重点，找出事件的关键信息。此外，要有灵活的应变能力，适当拓展话题，从不同角度对事件进行剖析提问，以达到采访的目的。

新闻采访应该发挥出新闻的延展性特点。此外，由于新闻发生的不确定性和突发性等因素，新闻工作者到达现场时事件往往已经结束或接近尾声，不能及时准确拿到最新最准确的新闻线索，错过了一手新闻信息采集时机，新闻工作者可借助拍摄了现场视频的路人手机等设备进行详细询问，了解事件的全过程，保证新闻传播的及时有效。

（三）创新新闻写作能力，提高自身素养

采访工作结束后，新闻工作者应该及时将采访信息整理筛选后进行新闻写作。新闻写作方式在新时期应该顺应时代潮流，对传统的新闻写作方式加以改进，不断创新，激发大众对新闻内容的兴趣。

在传统媒体时代，新闻写作方式单一，内容表达生硬，新闻事实陈述呆板，给人枯燥乏味的感受。在媒体融合的背景下，音频和视频结合是重要的新闻信息传递方式，可以在短时间内获得大量的关注。

新闻工作者通过多种渠道获取信息，在保证新闻真实客观的前提下，可以将日常生活中的网络用语适当增添在写作方式中，用幽默、灵动的内容吸引大众的注意力。在新闻写作中，可合理利用相关图片、视频等多种形式加强新闻内容的表达效果，增强新闻的真实性和可信性。在新闻排版中，可运用多元化的表现形式，让大众有兴趣继续阅读，拓展新闻的影响力，提高大众对新闻的关注度。

（四）创新新闻管理的模式

新闻管理模式的创新是保障和支持新闻采访工作更好开展的一个重要内容。要实现新闻采访多元化发展，必须对新闻采访的管理模式进行创新。因此，树立具有创新意识的管理理念非常重要。新闻工作者应该提高自身的创新性和积极性，促进新闻事业更好地发展。新闻工作者还应充分发挥自身的想象力和创造力，不断完善工作内容，不断提高工作效率，在工作中突破自我，进行自我创新。

三、融媒体采写报道的特征

（一）充分运用数字技术和互联网前沿技术

融合报道的宗旨就是在保持传统媒体报道优势的基础上，充分利用数字技术、互联网技术进行融合传播。例如中国新闻奖"融合创新"一等奖获奖作品《央广主播的朋友圈》系列 H5 报道，将微信朋友圈的界面与电视抠像技术结合在一起。"移动直播"一等奖获奖作品《"天舟一号"发射任务 VR 全景直播》[①]，使用虚拟现实技术（VR）进行直播，并以多屏互动的形式呈现。（如图 1-7）这些均显示出数字技术与互联网相融合进行信息报道的新式特点。

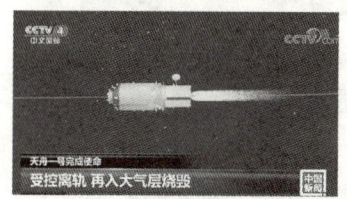

图 1-7 "天舟一号"发射任务 VR 全景直播

融媒体作品要重视首发效应。如今移动互联网终端已成为信息来源、传播和接收的重要渠道，具有很强的时效性。重视在移动端首发不仅是为了保障新闻报道的时效性与传播效果，也是顺应媒体融合中移动优先这一时代潮流的必然结果。《中国新闻奖媒体融合奖项评选办法》（以下简称《办法》）"参评范围"明确规定："参评范围为经国家正式批准的报社（报业集团）、通讯社、广播电台、电视台和新闻网站，原创并在其移动端首发，于上一年度应用数字技术、移动互联网技术进行融合传播的新闻作品。"该《办法》强调在移动端首

---

① 《"天舟一号"发射任务 VR 全景直播》，http://www.xinhuanet.com/zgjx/2018-07/20/c_137332777.htm，2018-07-20。

发，表明了移动互联网在传受两端的重要作用。中国新闻奖"移动直播"特别奖作品《两会进行时》，就是将当天的直播内容第一时间优先发布于人民网官方微博上。

重视社交媒体和自媒体的传播优势，凸显社交媒体与自媒体优先原则。随着新兴媒体的不断创新与演进，媒体的生产模式、传播渠道和呈现方式也发生了巨大的变化。在社交媒体和自媒体迅速发展的当下，信息传输渠道日益拓宽，社交媒体与自媒体传输信息的功能日益扩大。在融合报道中，运用社交媒体与自媒体的优势已是大势所趋。如图1-8所示，《快看呐！这是我的军装照》借助人脸识别、融合成像等技术，制作互动H5，帮助网友生成自己的虚拟"军装照"，在微信朋友圈广泛传播。用户纷纷上传自己的"军装照"，并借此表达对军队的拥护与热爱之情。[①] 2018年普利策新闻奖获奖作品《美国加州圣罗莎和索诺玛县的历史性森林大火》也充分发挥了社交媒体和自媒体平台传播优势，媒体于大火发生后第一时间在脸书（Facebook）平台上发布了新闻，并选取部分网民的留言和观点来加强报道，体现了对来自社交媒体和自媒体的信息和意见的重视。

图1-8 "军装照"H5

（二）专业生产内容和用户生产内容融合的新闻生产新模式

新媒体环境下受众的地位日趋重要，受众的角色也发生了变化。他们已从传统媒体的信息接收者转变为信息传播的参与者和信息内容的生产者；他们不仅仅是受众，也是传者，更是社交媒体和自媒体的用户。通过社交媒体和自媒体，用户可以在第一时间获得专业记者因为种种原因无法获得的信息，捕捉到

---

① 《人民日报客户端"军装照"H5荣获第二十八届中国新闻奖一等奖》，https://www.sohu.com/a/272860563_114731，2018-11-02。

许多重大新闻事件的细节,并且通过不同的视角生产出不一样的观点与看法。这对于丰富新闻报道的内容、创新新闻生产的模式,无疑具有极大的推动作用。《广西日报》获得中国新闻奖"短视频新闻"一等奖的作品《柳州融水突围记》,就添加了用户的朋友圈截图内容。这一做法使得作品更加接地气,通过反映民众的心声让报道更加真实、生动。

2017年8月8日,九寨沟发生7级地震。震后1小时,前线记者还在赶赴灾区的路上,人民网已上传了第一条地震相关视频《四川阿坝州九寨沟县突发地震 各地震感强烈》(如图1-9)。这条视频由拍客摄制、人民网剪辑完成。随后,人民网又接连上传69条短视频直击地震现场。[①] 2018年9月15日晚间,强台风"山竹"迫近我国东南沿海,人民网随即联动8家当地媒体和前线拍客展开融合报道,在24小时内生产短视频25条,总播放量破亿。

图1-9 四川阿坝州九寨沟县突发地震 各地震感强烈

(三)作品要有新颖的视觉刺激,突出视听审美的艺术特征

融媒体是一种资源整合的新型媒体,它在报道界面上应该体现出新闻性与艺术性的统一,例如运用图片、漫画、音频视频等手段表达新闻主题、展现新闻内容,版面语言丰富,界面设计主题鲜明、风格独特、布局合理、互动性强、色彩协调、便于阅读。例如2013年普利策新闻奖特稿奖作品《雪崩:特纳尔溪事故》。该作品是传统新闻报道走向融合报道的里程碑式的作品。该作品的界面设计新颖别致、丰富多彩,既有文字报道,又配合音频、视频、动图、动画、超链接、交互式地图、VR技术和航拍等,生动还原了雪崩发生的现场(如图1-10)。报道的页面操作设计人性化,超链接的应用将不同形态的报道镶嵌在一篇立体综合报道中,读者只需进行下拉、点选等简单的操作,即可完成对整篇报道的阅读和视听。

---

① 《四川阿坝州九寨沟县突发地震 各地震感强烈》,http://m.people.cn/n4/2017/0809/c204396-9677695.html,2017-08-09。

图1—10 《雪崩：特纳尔溪事故》（作品界面）

该新闻作品在编辑设计上采用动态图片＋文字表达的形式，还有卡片进行信息补充说明。新闻作品采用动静结合的方式可以提高受众的注意力，同时也可以不断激发受众的现场感。在主要角色登场时，辅助卡片就会对人物的形象、年龄、职业等信息进行说明，可以让受众全方位了解人物和事件。在介绍雪崩时，该作品采用了文字解说和显微图片来描述落雪的过程及雪的微观结构，说明雪崩发生的必要因素。这些直观易懂又不失科学性的呈现，兼顾了报道信息的清晰和报道页面的完整美观。该案例是西方融媒体报道作品的典范，本书在后文还将展开详细分析。

（四）强调传统媒体与新媒体报道方式和叙事风格的融合

传统媒体报道的叙事风格强调严肃谨慎，讲究逻辑性和权威性；而新媒体报道的叙事风格偏向活泼新颖，偏爱运用网民喜闻乐见的词汇和语言风格。从中国新闻奖媒体融合奖项的诸多作品可以看到，融媒体获奖作品均结合了传统媒体与新媒体的报道方式和叙事风格。例如作品《超燃！俯瞰超级工程"川藏第一桥"159米隧道锚世界第一》，虽然运用了偏向传统的报道方式，即记者带领嘉宾一起走入隧道，全方位了解这座大桥的细节、施工情况，同时俯瞰工程全景，但作品充分运用了航拍、云切换等移动视频直播技术，高清标准的航拍镜头、精细的背景资料和读者充分参与的现场感与体验感，为这篇融合报道营造了新的报道风格。再如图1—11所示，获得2017年普利策新闻奖公共服务奖的作品《警方滥用规则驱逐弱者》，揭露美国警方普遍滥用驱逐权驱赶数百人且其中大多数为贫困少数族裔这一事件，报道不仅使用了故事、社论、漫画、照片等传统新闻报道方式，还融合了视频、数据库、多媒体互动演示及其他视觉材料，让整个报道的叙事风格和语言显得丰富活泼。

图 1-11 《警方滥用规则驱逐弱者》

(五) 充分利用新型元素丰富作品内容,增强作品传播效果

媒体技术的创新应用丰富了新闻作品的表现方法和呈现方式。在融合报道中,不同的表现方法和呈现方式,如直播、短视频、动图、H5、漫画、VR、AI等,生动地展现了所要表达的内容,增强了作品的传播效果,也赋予受众新的阅读和视听体验。获中国新闻奖"新媒体品牌栏目"的《侠客岛》,是《人民日报(海外版)》创办的一个以微信公众号为载体的时政评论专栏。它以通常不超过2000字的原创时政解读文章为主,图文结合,排版风格清晰简明。再如,2021年6月17日9时22分,搭载神舟十二号载人飞船的长征二号F遥十二运载火箭,在酒泉卫星发射中心准时点火发射,神舟十二号载人飞船与火箭成功分离,进入预定轨道,顺利将聂海胜、刘伯明、汤洪波3名航天员送入太空,飞行乘组状态良好,发射取得圆满成功。《南方都市报》的相关报道利用H5技术生成了灵活的动画特效,实现了强大的交互传播应用,受众点击相应按钮即可触发飞船升天对接的画面,在主动参与过程中对神舟十二号发射成功的信息进行全面了解;《人民日报》采用全景动画图文对航天员进驻太空站的生活进行全面介绍,发布题为《航天员进驻太空站!太空生活"剧透"来了》的报道。① (如图1-12)

---

① 《航天员进驻空间站!太空生活"剧透"来了》,https://sghexport.shobserver.com/html/baijiahao/2021/06/18/463322.html,2021-06-18。

 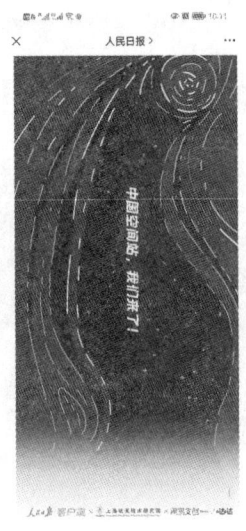 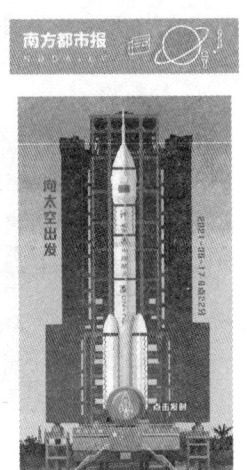

图1-12 《航天员进驻太空站！太空生活"剧透"来了》

（六）强调场景化的呈现和沉浸式的传播效果

实现新闻内容的场景化报道、沉浸式传播成为当前新闻报道的新潮流，这也正是融合报道的新特点。随着以VR为代表的新技术的使用，受众已经不再满足于以往传统的视听阅读体验，转而寻求一种更为个性化、临场化的接收体验。这一点在中美新闻奖获奖作品中均有所体现。在对特朗普承诺修建美墨边境墙的报道中，记者通过使用VR技术，让受众获得沉浸式的仿真体验。在交互地图上用鼠标点击任意一个链接点，就可以看到该地区的实景视频，受众仿佛身临其境，置身于漫长蜿蜒的美墨边境线，获得一种超现实的视听体验。

新闻联播的《重生》采用融媒体报道的形式，图片随着我们的点击而不断变化，从灰色到彩色，从断壁残垣到灾后重生，在一次次主动的点击中，受众会感受到灾区经过十三年之后的巨大变化。① （如图1-13）另外，《人民日报》短短几分钟的视频MV《13年了，你好吗?》（如图1-14），契合了当下碎片化和视觉性的阅读转向，将汶川13年变化里最有冲击力和最具典型性的画面呈现出来，配乐也进一步渲染了沉重悲哀的氛围。这种图文与视频结合的新闻报道形式，对于纪念而言，能产生更好的传播效果。②

---

① 《重生》，https://mp.weixin.qq.com/s?＿＿biz=MzIxNzU1NTQwNQ==&mid=2247570237&idx=1&sn=c0116996f57cb56077784d319919d985&scene=21,2021-05-12。

② 《13年了，你好吗?》，https://mp.weixin.qq.com/s/gPk9WW＿6x2RbGRCKd2LwKw?,2021-05-12。

图 1-13 《重生》

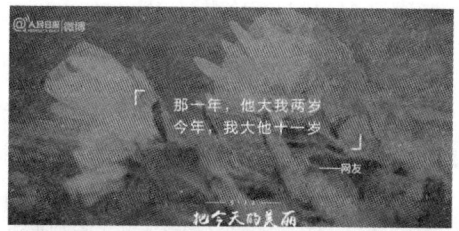

图 1-14 《13年了，你好吗?》

第四节　融媒体采访的基本原则

融媒体采访要以马克思主义新闻观为指导原则。马克思主义新闻观是马克思主义对新闻现象和新闻传播活动的总的看法，其核心是马克思主义关于无产阶级及其政党新闻事业的工作性、工作原则和工作规律的基本看法；其形成是一个与时共进，不断充实、完善和创新的过程，包含马克思主义经典作家和我党主要领导人有关新闻传播领域的反映和体现，是规范和指导中国新闻媒体及其新闻采写的基本依据。以马克思主义新闻观为指导核心，对融媒体作品进行信息采写，就是要求新闻采写者要用正确的立场、观点和方法去观察问题、分析问题、思考问题，做一个政治坚定、业务精湛、作风优良、党和人们信任的新闻舆论工作者。

一、实事求是，是融媒体采访的根本原则

"实事求是"是马克思主义新闻观基本原则的精髓，也是马克思主义新闻观的灵魂和核心。坚持实事求是的原则，就是要求新闻采写者依据事实，真实全面地采集、处理、呈现事实。

实事求是就是要求媒体及记者面对社会上发生的具有重大影响或重要价值的新闻事件，要客观公正地去采写报道。作为为人所使用的媒体和人采写的稿件，势必会有个人情感介入，但是作为新闻报道的媒体人，应该客观、公正、冷静地反映社会现实，不要掺杂个人情感，公正全面地反映真实的情况。

记者作为具有情感的事件采访者,需要冷静地面对眼前的采访情况,因为媒体是社会的风向标,是舆论的放大器,如果没有把握好度,就容易产生不良的传播效果,甚至对舆论引导起到负面效应。

二、以人民为中心,是融媒体采访的基本理念

以人民为中心,是马克思主义新闻观的一大基本理念。人民是历史的创造者,是决定党和国家前途命运的根本力量。必须坚持人民主体地位,坚持立党为公、执政为民,践行全心全意为人民服务的根本宗旨,把党和群众路线贯彻到治国理政全部活动之中,把人民对美好生活的向往作为奋斗目标,依靠人民创造历史伟业。①

人民是社会的主人,作为融媒体记者,我们要想人民之所想,言人民之所言。要把广大人民群众放在思想的首位。在采访报道前,要考虑人民的兴趣爱好,找到适合人民接受和理解的角度去采访。在采访报道过程中,我们要平等地对待采访对象,因为每一位采访对象都是我们的朋友,也是值得我们尊敬的人民群众。我们要注重人文关怀,平等对待公众,关爱公众,注意尊重、呵护人民群众的尊严和正当权益,宣扬公众的智慧与健康情感以及人性之美,多方面地展现人民妥善处理和解决社会问题的能力。

三、坚持正确的舆论导向,是融媒体采访的重要职责

坚持正确的舆论导向,是马克思主义新闻观的重要内涵之一,也是融媒体采访的重要职责。新闻信息的传播,对社会舆论场及其走向起着重要的作用,舆论的引导对于社会能否和平发展,对于人类能否幸福生活具有重要的作用。现在国际环境极其复杂,多元化的意识形态和大国之间的竞争极其激烈,媒体在传播信息的同时,对舆论的引导也起着十分重要的作用。我国历届领导人都十分重视新闻媒体的舆论引导工作,认为坚持正确的舆论导向,是新闻媒体和新闻工作者的一项重要职责。

1996年9月26日,江泽民总书记在视察人民日报社时指出:"舆论导向正确,是党和人民之福;舆论导向错误,是党和人民之祸。"2016年2月19日,在党的新闻舆论工作座谈会上,习近平总书记又强调指出:新闻舆论工作各个方面、各个环节都要坚持正确舆论导向。各级党报党刊、电台电视台要讲

---

① 《习近平:决胜全面建成小康社会 夺取新时代中国特色社会主义伟大胜利》,新华社,http://www.81.cn/sydbt/2017-10/27/content_7802684.htm,2017-10-21。

导向，都市类报刊、新媒体也要讲导向；新闻报道要讲导向，副刊、专题节目、广告宣传也要讲导向；时政新闻要讲导向，娱乐类、社会类新闻也要讲导向；国内新闻报道要讲导向，国际新闻报道也要讲导向。"正确的舆论导向不仅是靠新闻作品来体现的，它还体现在上述新闻舆论工作的整个过程之中。这就要求新闻舆论工作的各个环节，包括管理、采访、写作（制作）、编辑（编导）、出版、发行（播报）等都要把握好舆论导向。

舆情监测和研判是我们把握社会言论发展变化的一个重要维度，也是推动舆论发展的重要标尺。在坏的舆情还未发生前，提前预知调控，发现并提前处理一些倾向性、苗头性问题，可以更有针对性并且准备更充分地去引导舆论，做到主动出击，提前引导，把握主动权。

在2016年2月19日党的新闻舆论工作座谈会上，习近平总书记还提出："要抓住时机、把握节奏、讲究策略，从时度效着力，体现时度效要求。"融媒体工作者要以认真、积极、负责任的态度做好社会热点、难点问题的报道，既要积极介入其间，又要善于做好引导工作，尤其是作为舆论监督的新闻批评报道，一定要讲求科学性和建设性。

思考和练习

一、什么是融媒体？

二、融媒体与自媒体、全媒体有什么区别与联系？

三、结合实例，谈谈融媒体传播为我们带来怎样的机遇与挑战。

四、融媒体采写报道的特征是什么？

五、融媒体采写报道的基本原则是什么？

第二章 融媒体团队培养

融媒体时代的到来，意味着人们拥有更多获取信息的途径，拥有多样便捷的沟通方式。信息传播方式的迅速发展，不仅拉近了人与人之间的距离，同时也代表着媒体从业人员面临更大的挑战。尤其是新闻记者，不仅需要过硬的基本职业素养，还需要在未知的领域进行探索，从而以全新的姿态迎接融媒体时代的机遇和挑战。

第一节 融媒体记者的从业要求

融媒体时代的到来改变了传统媒体新闻报道的格局，打破了传统媒体介质四分五裂的局面，大大拉近了新闻报道与受众之间的关系，并凸显了其舆论引导的有效作用。在这样的时代背景下，融媒体也对新闻记者提出了更高的从业要求。融媒体记者面对海量的信息和复杂的受众，该如何做好本职工作，值得我们进一步探究。在探索融媒体记者从业要求之前，我们需要先了解记者的类型，以及融媒体时代记者应该具有的品质。

一、记者的类型

按照地域位置来分，记者可以分为地方记者和驻外记者；按照专业领域来分，记者可以分为专业记者与机动记者、特派记者和特约记者；记者按照媒介类型变化，可以分为传统媒体记者和融媒体记者。

首先我们了解一下地方记者。伴随着近代报刊事业的发展，创刊于1872年的上海《申报》，为了建立通讯网，曾多次刊登启事，在全国许多城市招聘"访事""访员"。这些"访事""访员"在一定程度上就是早期的地方记者的萌芽。地方记者往往都是由记者站输出，新闻单位建立地方记者站，主要目的是加强新闻单位同地方党委、政府和群众的联系，及时反映当地的新情况、新经验、新问题，报道当地的重要新闻，开展当地的通讯工作。驻外记者就是受国内新闻单位派遣，常驻国外采访的记者。1897年，严复主编的维新派报刊《国闻报》，除了在国内各地设访事，在如伦敦、巴黎、柏林、彼得堡、纽约等地亦设访事。民国时期，《大公报》也十分注重派遣驻外记者。从1940年9月起，重庆《新华日报》增设了莫斯科专电，到1998年新华社在国外有5个总分社，在90多个国家和地区建立了101个分社，有驻外记者260余名。

专业记者是指专门采访报道某一领域的记者。如专门采访报道工业领域的记者，称工业记者；专门报道医学领域的记者，称医学记者；等等。专业记者一般是以两种形式出现的，一种是专门的记者，一种是采编合一记者，后者人数占了相当大的比例。机动记者是根据任务的安排来形成的，与专业记者最大的不同是他们报道的类型更多样化，也不像地方记者那样常驻一个地方，他们有点类似特派记者，根据任务的要求进行安排，有些直接接受总编辑部的安排。他们工作地点灵活，工作任务多样，哪里需要就去哪里，灵活机动，随叫随到。特派记者是根据采访任务的需要，按编辑部的要求特意派遣的记者，在战争年代我们往往都派有去前线的记者，如延安出版的《新中华报》和《解放日报》，汉口、重庆出版的《新华日报》都曾有特派记者发表通讯。特约记者的编者不属于编辑部，是社、台外的工作人员，应约完成社、台一定的报道任务。

融媒体记者是指在融媒体环境下，拥有融合思维、创新意识，利用新媒体并结合所在媒体平台进行一次性采集，制作出符合融合新闻语境下跨媒体传播要求的新闻作品的记者。媒体融合包括了体制、技术、管理、新闻生产等多方面的融合，所以融媒体记者也是融合多种技能，能够熟练驾驭多个题材、体裁，生产出有厚度的新闻产品的一专多能的新型传媒人才。

二、融媒体记者的特点

互联网的发展重构了传媒生态和舆论生态，融媒体记者的信息采编工作也随之发生变化，与传统媒体时代的记者相比，融媒体记者要掌握更多的技能，如掌握对各种碎片化信息进行整合、核实、解释分析以及分发的能力。由于新闻信息的生产是一个系统化的工程，需要遵循各环节的规范和程序，因此融媒体记者需要根据受众习惯，进行新闻产品内容设计，以此保证新闻产品的品质。

（一）融媒体视野

伴随着"两微一端"的不断发展，新媒体实现了各种传播样式的内容分

发,可以将文字、图片、音频、视频等进行独立传播。融媒体记者需要充分发挥融媒体"融"的功能,充分发挥融媒体记者"融"的思维,将各种有助于受众解读信息的方式进行融合,把握传播规律,时刻追踪后台数据,才能生产出具有高品质的新闻产品。作为融媒体记者,必须要有融媒体思维,虽然不需要达到"全才全能",但必须具备融媒体视野。

（二）新媒体技能

新时代的融媒体记者需要充分掌握运用各种媒介的能力,不仅要掌握各种新媒体的操作技能,还要能够不断地学习和充分发挥"润滑剂"的能力,能够对管理、运作、发布、效果反馈等环节进行综合管理,运筹帷幄。新媒体技术是融媒体记者安身立命之本,也是其最基础的从业要求。

（三）用户理念

融媒体时代是依靠数据争夺阵地的时代。在传统媒体时代,受众和媒介之间的信息传输是不对等的,地位是不对称的。但是,随着互联网的发展,整个地球变成了信息村落,受众的话语权得到了提升,受众喜好成为其选择信息的重要考量之一。因此,融媒体新闻产品更注重市场的影响力,融媒体记者在采集内容时就要尽可能预测新闻产品的市场效果,以满足读者的心理预期。

（四）服务观念

在移动传播时代,智能手机的广泛使用使受众与信息的接触距离更加接近,受众不仅是信息的接收者,也是信息的传输者。作为融媒体环境下的新闻工作者,我们需要充分考虑受众对信息的需求程度和对信息的分类管理,为受众提供合格的信息产品,这既是融媒体平台建设的基础,也是融媒体新闻工作者的素养之一。

三、融媒体记者的能力

（一）善于提问的能力

融媒体传播时代要求信息内容的形式更为丰富,信息来源的途径也越来越多元,作为融媒体记者需要通过不断学习来提升自己的能力,因为融媒体技术的变化异常迅速,伴随着技术的变化,信息也会发生变化。融媒体新闻对时间发布要求近乎时时在场,所以新闻采访的能力就显得尤为重要。在采访过程中,采取深度、灵活的提问方式获取新闻信息,是融媒体记者最重要的能力之一。

善于提问首先是指融媒体记者提问的方式要具有逻辑性。在人人都是传播者、人人都是记者的融合传播时代，如果不遵循一定的逻辑思维，被采访者往往可以自圆其说，令采访效果无法显现。其次是要对新闻采访的目标和主体进行引导。融媒体传播具有广泛性，这就要求融媒体记者讲好新闻故事，传播好中国声音。最后，掌握采访提问的方式。在提问中有封闭式提问和开放式提问两种方式。采取封闭式提问方式，能够了解采访对象对新闻事件的看法，但是面对封闭式提问被访者回答受限程度较大。开放式提问没有严格的限制，对于被采访者来说，回答的范围比较广泛，但是在提问过程中，记者需要把握尺度，适当引导。

（二）勤于思考的能力

信息技术的发展使人们获取信息资源的渠道越来越多，同时新闻线索的获取途径也越来越广。融媒体记者要善于通过各种途径主动获取与采访有关的信息，同时要善于并勤于思考，迅速判断新闻信息来源的真伪，做好信息收集的第一层把关。

勤于思考还表现在采访过程中，时刻思考被访者所说所想，做好舆论引导。因为在融媒体时代，技术的发展使得舆论环境变得越来越复杂和多元化，网络谣言、虚假信息使得大众的舆论环境变得难以把控，甚至某些不法分子利用网络发布不实言论，引导舆论走形。作为融媒体记者，要及时跟进被采访者的言行进行引导，以明确的政治立场和正确的价值取向引导社会舆论发展方向，对新闻事件及时进行真相还原，进而促进新闻行业的健康可持续发展。

（三）耐心倾听的能力

采访对象不是专业记者，他们在叙述事情的过程中大多很难具有新闻敏感度，难以主动挑选出有价值的新闻素材。他们通常是边回忆边叙述，可能有时候还加上自己的主观认识、想法和观点等，说得高兴时滔滔不绝，较少考虑记者对新闻信息的需求。对于记者来说，面对采访对象的叙述需要保持耐心。记者用心倾听的状态会给采访对象营造一种良好的谈话氛围，利于采访者表达所见所闻。一般来说，记者不要粗暴地中途打断采访对象的谈话，也不能表示出不耐烦、不在意，记者一个漫不经心的动作可能引发采访对象的心理活动，影响其谈话内容，有时甚至导致采访失败。但这并不是说，当采访对象跑题时，记者不可以用巧妙的问题加以引导。

（四）勇于创新的能力

融媒体时代的创新主要体现在两方面，一个是思维方式的创新，一个是作品的创新。思维方式的创新，主要是指融媒体记者要有主动出击的意识。过去，记者总是等待安排，而融媒体时代，人人都是记者，人人都有麦克风，这就要求融媒体记者学会主动出击，时刻树立市场导向和受众需求导向，想观众之所想，急百姓之所急。作品的创新，就是要创作更多的优质内容，满足受众需求。融媒体时代的竞争，说到底就是对传播受众的争夺。要赢得受众，就要求媒体必须能够提供具有个性和特色的新闻信息产品。所以，融媒体时代的记者必须具备敏锐的发现力和丰富的创造力，优化新闻产品，摒弃同质化报道，为受众提供形式别致、内容新颖，从视觉和感觉上让人耳目一新、念念不忘的优秀作品。

第二节　融媒体记者的素质

融媒体时代下，专业素养不仅仅是记者职业的基本要求，更是该行业与其他行业性质差别的根本所在，因为记者要"做党的政策主张的传播者、时代风云的记录者、社会进步的推动者、公平正义的守望者"。不具备记者的基本素养，就无法适应融媒体的发展。

一、完善的政治素养

对于融媒体记者来说，较强的政治素养是基本的要求。电视、报纸等传统媒体均有利用"互联网"的优势。为了满足受众对新闻便捷性与新鲜性的要求，在众多新闻作品中占据有利的地位，一些融媒体记者放弃了新闻求真的本质，不顾政治大局扭曲新闻事实，甚至扭曲自己的政治立场。这是一种绝对错误的做法。作为融媒体新闻记者，需要具备较强的政治素养，首先要提高党性修养，始终保持政治思想与党中央一致，牢固树立对舆论去伪存真、保持权威并弘扬主旋律的意识；其次，要对党中央各个时期的文件实质有深刻的认识和领会，对大政方针有全面的把握，以此把握新闻稿件的写作方向；最后，要具备极高的信息甄别能力，对于微信、微博、抖音等新媒体平台传递的信息，要及时准确地捕捉其核心内容，对于在其平台上发布的"低门槛"虚假消息、报道和负面新闻要及时进行舆论把控，及时发声，避免舆情恶化。

二、良好的职业素养

融媒体记者要坚守职业道德素养，掌握基本的理论知识，具备基本的采写能力，永远对事物葆有好奇心，仔细观察事物的发展变化，对社会充满责任感，对事件发展充满责任感。责任感，体现在新闻记者对所写的每一篇报道，都敢于对自己的受众负责,敢于对自己所在的媒体负责。坚守职业道德,还需要不向黑恶势力低头。良好的职业道德不仅表现在对新闻事实的采访与报道中,还表现在融媒体新闻作品传播中,要平视强势群体,尊重弱势群体,采访任何事件和人物都应该具有人文关怀,发布任何融媒体新闻作品都要有职业操守;不仅要关注事件发展的过程,也要注重人物命运的起伏变化,不能为了采访而不顾被采访者的生命安全或给被采访者带来二次伤害,不能为了流量而不顾信息真假。

三、广博的知识素养

斯坦利·沃克是一位出色的新闻主编,他曾被问道:"怎样才能成为一名优秀的记者?"他回答道:"答案很简单,他无所不知。他知道的不仅仅是今天世界上发生了什么,而且他头脑是一个储藏了多年的智慧宝库。"从斯坦利·沃克这位优秀的新闻人口中我们就可以看出,对于新闻工作者,丰富的知识积累是进行采访写作的基础。在融媒体时代,如何才能在众多的人群中脱颖而出,成为优秀的记者?斯坦利·沃克的话无疑是最优的答案,也是最明确的答案。融媒体时代的记者,知识面越广,就越能快速把报道引向重点,在短时间内将新闻信息引述到核心内容,使受众在阅读新闻时感到轻松愉悦。新闻工作者的知识结构如图2-1所示。

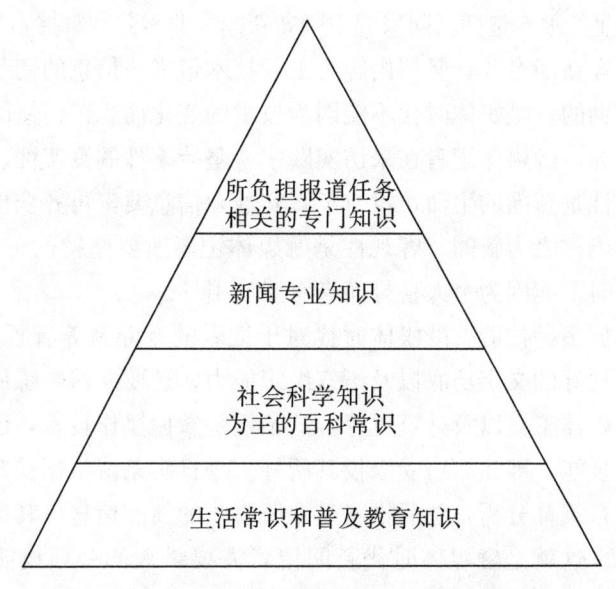

图2-1 新闻工作者的知识结构图

四、坚持不懈的素养

融媒体记者在追求事实真相的过程中,要有坚持不懈的品质。坚持不懈体现在两个方面,一方面是要有坚持不懈追求真理的意志力,另一方面是要有坚持不懈追寻真相的提问力。坚持不懈的意志力,表现在对时间发生的过程、结果、影响和以后预期的发展方向有不懈追踪的坚韧品质。坚持不懈的提问力,表现在对于在采访中遇到的各种疑问、艰难阻挠要有刨根问底的采访精神。

《洛杉矶时报》华盛顿分社的戴维·威尔曼获知,一种治疗糖尿病的药品已经被英国禁止,但是依然在美国市场上出售。经过一年的调查,他写出了关于药品曲格列酮导致死亡的系列报道,但是食品和药品管理局仍按兵不动。在接下来的14个月内的25篇后续报道里,威尔曼呈现了死亡人数上升以及医生们的忧虑增加的事实。食品和药品管理局最终禁止该药品在市场上出售。一位主编描述威尔曼道:"就抓住一件事,从不放手而论,是我所遇到过的最顽强的小伙子。"威尔曼因为该系列报道在2001年获得了普利策新闻奖。

五、完备的业务素养

融媒体时代信息发布要求更快,信息准确程度要求更高,这也对新闻采写的信息把关提出更高要求,同时对融媒体记者运用技术的熟练程度提出了更高要求。完备的业务素养包括新闻采编中坚守新闻专业素养和掌握多种技能素养。

首先,坚守新闻专业,坚持内容为王。技术带来了信息的变革,但是技术是为传播做辅助的,融媒体时代不能因为技术的变化而忘记传播的本质是信息传递。我们认为,融媒体记者在采访实践中,坚持事件的真实性、客观性是第一要务。真实性是新闻的生命,没有了真实性,信息要素再齐全也不具备传播的条件,更不能称之为新闻。客观性是融媒体记者所要坚持的工作素养基础,在传播信息之时不能因为个人喜好而带有感情引导。

其次,掌握多种技能。融媒体时代对于记者的专业素养有了更高的要求,作为记者除了良好的文字功底以及语言组织能力,还要能够熟练使用其他采访设备,例如多媒体工具以及计算机等。这不仅是掌握操作技术,还要有"基于需求的消费"技能,即如何对受众投其所好。今日头条就根据受众平时所喜爱的阅读内容进行统计分析,然后推出受众所喜欢的新闻信息,其标语是:你关心的才是头条。这就是融媒体时代新闻记者需要掌握的一项技能:同一个事件,记者需要根据不同的受众群体,分发不同的新闻作品,既要遵循新闻报道的要求,又要符合受众的"口味"。

第三节 融媒体记者的培养

在习近平新时代中国特色社会主义思想指导下，媒体融合发展成为新闻舆论工作的方向，取得了显著的发展成果。当前，一次采集、多种生成、多元发布逐渐成为融媒体机构的日常化工作标准。新的技术伴随着新的采集方式，铸就了融媒体的前世今生。但是，融媒体的继续繁荣，依然需要融媒体记者进行维护和创新，培养融媒体记者依然是时代的重任。

一、敏锐的发现力

数字技术的发展和使用使得融媒体时代专业新闻报道和非专业新闻报道的边界变得越来越模糊。网络传播具有广泛性、开放性和交互性，广大受众能够及时分享和接收互联网信息，传播的内容形式越来越多元化，这些因素势必会削弱新闻传播的引导力。因此，要想将新闻作品做得具有影响力和感召力，就需要融媒体时代的记者具有敏锐的发现力。[①]

敏锐的发现力是指融媒体记者对于发现新闻事实的敏感能力，又称为新闻敏感。融媒体记者的绝大部分技能是可以通过反复练习、实践得以提高的，新闻敏感却是最难培养的一种能力。信息技术的发展使人们获取信息资源的渠道越来越多，同时新闻线索的获取途径也是多种多样。融媒体记者在互联网时代的新闻敏感必须十分警觉，要主动获取与采访有关的新闻线索，要时时刻刻浏览网站信息，例如贴吧、论坛微博、微信数据等，对所得的新闻线索，不仅要挖掘背后的新闻事件，还要多方求证，特别是要向权威部门求证，确保新闻的真实性。

二、准确的判断力

准确的判断力即对新闻线索的把关能力。日新月异的网络信息环境下，虚假信息和消息铺天盖地，作为融媒体记者必须要有准确的判断力。融媒体记者的判断力主要体现在判断新闻线索是否真实可信的能力。

准确的判断力是融媒体时代的记者必备的技能之一。身处碎片化信息和虚假信息混杂的网络环境中，融媒体记者需要擦亮自己的双眼，同时还要有不盲

[①] 戎紫冰：《融媒体时代传统媒体编辑记者技能与素质培养途径》，载于《科技传播》，2014年第24期，第212页。

从、客观公正的质疑精神。质疑不是说对采访的事件较劲，钻牛角尖，而是要在客观分析、踏实采访的基础上进行深度追问，要抛开现象看到本质。从一定意义上说，具有质疑、怀疑精神，才是新闻发现力的核心所在。生活中经常出现"有心栽花花不开，无心插柳柳成荫"的情况。因为采访有的时候就像在找碴，记者所代表的不仅仅是记者本人，还有成千上万的听众的好奇心，所以作为融媒体时代的记者不能不动脑筋地把采访对象的言论作为唯一可信的真理，持有质疑的态度，才能挖掘到别人采访不到的深度。在采访中进行求证，把质疑抛给对方，直到把困惑弄明白想透彻，才能把事件的来龙去脉讲述清楚、判断明白，让新闻作品更具有说服力。

三、良好的执行力

融媒体记者的执行力主要体现在采访前期的准备工作和采访过程中，因为融媒体时代，谁能第一时间发布最新最准确的消息，谁就是舆论的引导者。融媒体时代采访形式的多样化和传播者素养的差异化，导致信息发布方式的多元化。面对激烈的市场竞争，融媒体记者仍然要牢牢守住记者底线，应对挑战。

首先，创新新闻采访方式，打破传统采访模式。融媒体时代，各种媒体平台发展充分，如果遇到突发情况或危机事件，新闻采访从业人员可以打破传统采访模式，充分利用多种信息渠道，通过网络视频、在线交流、语音电话等多种方式对受访者进行采访。这种网络化的采访渠道既能为采访者和受访者提供一定的便利，提高新闻采访效率，又使得新闻采访报道方式多元化，吸引观众注意。当然，在平时的采访中，如果遇到被采访对象不能到场的情况，也可以使用网络采访，尤其是伴随着5G技术的发展，互联网的延时性越来越低，跨屏同时在场是融媒体时代的一种技术优势。

其次，提高采访效率。融媒体时代信息量巨大，信息来源多元化，记者必须提高采访效率。因为在融媒体时代，时间就是抢占流量的重要手段之一，当然在注重时效性的同时还要注重采访的质量。融媒体记者要充分掌握多元信息资源，时刻做好采访的准备工作，这样才可能在第一时间内发布有价值、关注度高的新闻信息。

最后，创新新闻呈现形式。融媒体时代受众接受力是有限的，丰富多样的信息不断刺激着受众的感官，融媒体新闻作品应该增强对受众的感官刺激能力，才能让受众对新闻作品产生兴趣。当然除了感官刺激，我们还应该注意做到主次分明，能够从多角度和多侧面对新闻事件进行剖析。可以运用可视化新闻的方式进行新闻编辑，保证新闻作品的直观性，满足受众的新闻期待视野。

同时，在新闻报道中坚持马克思主义新闻观，积极思考时代与舆论发展的新方向，在全面深入调查的基础上总结新闻事件的亮点，从而保证新闻报道的独特性与时代性。

2017年6月21日，新华社记者编辑王朝、关开亮、陈子夏创建了新闻消息报道"刚刚体"。消息标题是："刚刚，沙特王储被废了。"消息内容如下："沙特国王萨勒曼21日宣布，废除王储穆罕默德·本·纳伊夫，另立穆罕默德·本·萨勒曼为新任王储。"（如图2-2）①

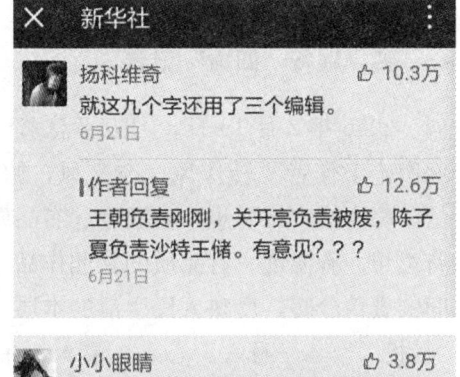

图2-2 新华社编辑创建"刚刚体"

10分钟内，这条短新闻阅读突破10万，当天阅读量突破800万，点赞数也突破10万，成为当日网络现象级话题。新华社微信公众号24小时内"涨粉"近50万。这一案例集中体现了新媒体传播的许多新特点，凸显了新媒体语境下编辑角色和传播范式的转变。个性化表达在新闻传播中备受青睐，网言

---

① 《"刚刚体"走红，新华社"小编"如何专业卖萌》，https://www.sohu.com/a/160305994_644338，2017-07-27。

网语幽默风趣引发共鸣，跟帖评论和"小编"回复带有鲜明的互联网特征。话题的开放性使得各路网友都能参与进来，甚至有网友调侃"我就是来看评论的"，双方坦诚沟通，平等对话互动性强。除此之外，编辑的作用在新闻传播中进一步凸显，新闻传播重心加速向移动互联网转移，网民越来越不满足于单向接收信息，而希望在互动中亮明态度，获取更多的信息，因此编辑统筹报道资源，充当主播角色。互联网的互动性和开放性决定了一个新闻作品的刊发或播出只是传播的开始，好的新闻报道可以引起网民共鸣，引发广大网民共同参与、分享传播。

四、践行"四力"记者

2016年2月19日，习近平总书记在党的新闻舆论工作座谈会上强调，新闻舆论工作者要转作风、改文风、俯下身、沉下心，察实情、说实话、动真情，努力推出有思想、有温度、有品质的作品。对于新闻工作者来说，要写出有思想、有温度、有品质的新闻作品，最重要的是要到群众中去采访，采集人间的真情冷暖，反映人民生活的本质。这就需要在深入基层的采访中努力做到"三投入"——身入、心入、情入，在一线采编实践中不断锤炼"四力"——脚力、眼力、脑力、笔力。

（1）脚力是记者的基本功：奔赴第一现场，深入实际情况。融媒体时代，信息传播更加高效便捷，但对媒体而言，在追求速度与流量的环境中，更应坚守"内容为王"的理念，因为融媒体新闻的传播只是改变了作品传播的形态，真实的内容依然是保证品质的核心。在采编实践中，一篇优秀的宣传报道稿件，既需要编辑出谋划策，更需要记者深入践行"四力"，尤其在增强"脚力"上下一番苦功夫。在20世纪30年代，报业先驱赵超构就曾提出："做好的新闻在越走越宽广的道路上，只有这样才能写出顶着露珠、冒着热气、透着地气、聚着人气的作品来。"[①] 这段话告诉新闻界的每一位新闻人，好新闻永远是深入基层第一线得来的。

（2）眼力是记者观察新闻的能力：透过表面，深入调查。在全媒体时代，我们应该透过事件表面，挖掘本质现象，具备开阔的眼界与敏锐的眼力，以有利于在工作中对新闻事件的真假和是非有更准确的分辨能力。

（3）脑力是记者做出深度新闻的能力：善于思考，探索新闻事件背后的意

---

① 参见陈康：《提升"四力"，打造"全能型"记者》，载于《传媒论坛》2020年第4期，第53页。

义。头脑能思考，不是单纯去判断事件的对与错，而是要思考事件背后所蕴含的价值和意义，传播价值观念的影响力和舆论的引导力。要对新闻信息进行深度剖析，坚持创新精神。

（4）笔力是记者最重要的能力：记者通过手中的笔记录社会生活的现实，反映生活的美好。笔力是记者创造作品影响力的基础，作品的公信力、传播力在一定程度上也是源于记者的笔力。增强笔力，需要平时加强练习，在新闻编辑中要根据作品的行业发展和现实环境，或引经据典，或加上流行的网络元素。还要注意有逻辑思维能力，文章内容清晰明了、抓住重点，才能更好地吸引读者注意。

不论文字还是摄影，或是视频，都少不了扎实的脚力，火眼金睛般的眼力，有深度的脑力，以及温暖、感人的笔力，这"四力"环环相扣、互为补充。因为脚下沾有多少泥土，心中就沉淀多少真情。"身入、心入、情入"，就是满怀热情地对待每一次采访，愿下最苦的功夫、最笨的功夫，让那些好的报道选题不失价值，充满温度。

第四节　融媒体团队的建立

正所谓"物竞天择，适者生存"，若不想被时代快速淘汰，那么融媒体记者团队的培养就要紧跟时代步伐，始终保持清醒的头脑，坚持正确的原则和明确的目标，做出科学、合理的职业规划，这是当下时代赋予融媒体记者团队所必需的职业准则。

一、培养团队的营销能力与沟通力

出色的营销能力是实现媒体行业品牌建构的基础动力，即通过统筹、利用内外资源满足目标受众，以实现自身生存和持续发展的一种能力。[①] 首先，融媒体团队作为媒体品牌打造中最关键也最活跃的因素，其核心能力的高低直接决定了媒体品牌的成败，因此，培养团队的营销能力和沟通能力是树立品牌效应的关键一步。其次，良好的沟通能力也是融媒体团队建设中必不可少的能力，团队人员互信互动才能创作出优质的信息产品，才能被受众喜欢，因此只有具备良好的表达、沟通能力，融媒体团队建设才能逐步完善。

[①] 高红梅：《融媒体时代新闻记者的核心能力》，载于《新媒体研究》，2015年第13期，第69页。

二、培养团队人员的认识，实现真正的融合

内容和技术的主从关系一直是传媒业界的焦点问题。技术的重要性日渐凸显，从辅助工具的角色上升到了几乎和内容同等重要的地位，这是一个不争的事实。但是，我们也要看到，不管是爆款"H5"还是"中央厨房"，技术成为内容的基础支撑，也成了内容的一个组成部分，技术不只是承担着传播载体或传播工具的角色。随着媒体融合发展力度的不断推进，技术和内容也逐渐变得"你中有我，我中有你"。为此，我们应该看到媒体融合已经从技术融合转向技术服务内容的融合。据不完全统计，一系列特色融媒体产品在活动前期全网累积点击率、转发、评论、点赞等关注总量往往可以瞬间突破几十万余次，但是能让人"记得住"的产品数量却不怎么乐观。融媒体产品样式非常多，而且技术推陈出新快，但是能够让融媒体"上光环"的，仍是那些拥有优质内容的基础产品，它们在占领舆论领地时，有着不可撼动的地位。为此，融媒体团队仍需深耕内容与技术的进一步融合。

三、培养团队的信息服务意识

自改革开放以来，社会经济在实际发展中更具活泼性和生命力，同时受市场化程度的逐步影响，传媒行业也走向市场化运作，特别是一些省级或者地市级栏目中，出现节目外包运作模式，这种市场化运作在很大程度上提高了各个媒介之间的竞争程度，形成多元市场化需求。这就要求融媒体团队建设增强信息服务意识。

融媒体团队要有服务受众的意识，才能扩大职业格局，提高竞争力。在遵循新闻传播规律和新型媒体发展规律的前提下，发挥互联网思维，做到"读者在哪里，受众在哪里，宣传报道就在哪里""读者喜欢看什么，报道就着重传播什么"。在坚持党性和人民性的同时坚持真实性原则，坚持主流媒体定位，优化团队的报道意识，增强团队的信息服务意识。一方面，用权威、真实、有深度的"长版"报道来体现融媒体的舆论引导能力和社会责任感；另一方面，通过网络传播技术、大数据分析、专家智库等建设手段摆脱思维定式、发掘新闻报道的亮点，以社会主义核心价值观为核心，做好融媒体时代有吸引力和感染力的正面宣传。

四、培养团队成员不断学习的能力

融媒体时代，社会职能分工不断细化，给传统媒体工作者带来了一定的压力，也给融媒体团队带来新的挑战。对于日新月异的科技变化，融媒体团队需要时刻保持谦虚谨慎的心态，在不断提高自身专业素养的基础上，居安思危，转换职业身份，分析当前市场环境和发展行情，把握融媒体发展的趋势，加强理论学习，跟踪最新资讯与政府政策解读，不断提高融媒体团队的综合素质，强化对紧急突发事件的处理能力，力争走在传播信息的最前沿。

在新闻产品的数字化生产中，融媒体团队的各位成员都要熟练掌握工作所需要的技术要求，掌握图文、视频等媒体产品的编辑技能，还要掌握多媒体平台的编辑发布技术，不断学习新的技术，实现内容的精准制作和读者的互动反馈，为实施数字化发展战略的融媒体生产打下良好基础。

五、培养团队讲故事的能力

讲故事的能力是记者在媒体融合时代的核心竞争力。现在自媒体短视频非常火爆，其内容本质大多是讲故事。在热点事件面前，人们总是爱看别人怎么说、怎么评论，因此融媒体记者要讲好故事，提供优质的内容，才能成为融媒体时代的舆论领袖。融媒体时代新闻报道视频常态化，对于突发事件、重大事件，直击现场的视频直播是最快、最好的报道手段，这就要求记者掌握直播时的解说能力，需要在短时间内传播出最准确、最吸引受众的话语。讲好中国故事，传递中国声音，也是新时代赋予融媒体团队的职业要求。

思考和练习

一、记者的类型有哪些？
二、做新时代的融媒体传播者，需要掌握什么技能？
三、从新华社编辑的"刚刚体"，谈谈你对融媒体传播特点的认知。
四、融媒体传播团队的建立需要培养哪些能力？

第三章 融媒体采访的准备工作

融媒体采访是一个复杂的系统工程,因为采访的好与坏会直接影响到融媒体新闻作品质量。好的新闻采访需要记者拥有扎实的新闻发现能力、新闻挖掘能力,同时还要具备完善的新闻采访素养。要做好采访则需要熟悉和理解报道领域的政策方针,掌握第一手资料。采访前的准备工作是采访的第一阶段,为好的采访打下根基。采访前的准备工作包括确定报道目的、选择采访对象、确定采访方式方法、设计采访问题等,尤其要有较为充分的时间和空间,能够提前策划方案,确定采访对象的报道题材。只有做好这些准备工作,才能避免新闻稿件被"枪毙"。

第一节 新闻发现

新闻报道不是对客观事实镜子似的折射,而是对事实信息进行选择和解读的结果。这种选择和解读的过程便是新闻发现。新闻发现是新闻作品的基础,也是记者对于新闻作品传播的率先认知。

作为融媒体记者,我们在掌握技术操作技能之余,还要充分掌握采访、写作等编辑能力,同时要肯吃苦,能够俯下身、沉下心,通过观察生活增强自己的新闻发现力,因为好的记者就像脑袋上装了雷达一样,随时随地都在准备着,只要有事情发生,就时刻准备"迎战"。

一、新闻发现是融媒体采访的前提

从新闻生产流程来看,任何一篇新闻报道都有新闻采写者的"发现",而后才进入新闻采写的具体生产环节。新闻发现是记者根据自己的经验,面对相同的场景,发现的不同角度的具有传播价值的信息。角度不同,报道的方法也不同。

2010年1月23日，富士康连续发生12起青年工人自杀事件，引发极大的社会动荡。到底是什么原因导致十几个年轻的生命离我们而去？新华社和《南方周末》记者分别从这个时间汇总发现各具特色的传播价值，并从不同的报道角度来阐释这些不幸事件发生的原因。

新华社记者的报道《让劳动者体面劳动　有尊严地生活》（新华社电讯2010年6月7日）从宏观的社会大背景角度，通过对富士康打工者生存环境的调查，来解释这一事件的缘由：工人的低工资导致超长时间加班，而超长时间加班又严重损害了员工的心理健康和生理健康。另外，相对于父辈，"80后"农民工虽然文化水平高，但吃苦能力更低，他们融入城市的期望值很高，但是又身心脆弱。而富士康工厂劳动强度大，生产线上操作环境单调，管理严苛又缺失人性，使很多年轻员工陷入了情绪焦虑、迷失自我、抑郁成疾的状态。

《南方周末》的报道《与机器相伴的青春和命运——潜伏富士康28天手记》（《南方周末》2010年5月3日）是以一名青年实习记者用打工者身份潜入富士康亲身体验的视角对这一事件进行探讨的："28天的打工潜伏，使我受到了强烈的震撼，并未因为明白了他们究竟为何而死，而是知悉了他们如何活着。""那些刚刚脱离了家乡，当上工人，幻想着尽快赚足腰包，尽快转变成一个城市人的农村后生，在理想和现实的巨大反差中迷失，加之身体上的疲累，一直被逼到崩溃的边缘。"

一个着眼于宏大背景，一个从微观体验入手，这两家媒体分别用自己的新闻发现和不同的表达方式诠释着这一社会事件，从而给受众带来了不同的感受和对事件的不同理解。

二、新闻发现的依据

新闻发现实质上是一种新闻价值评价，它需要新闻采写者对事实信息的传播价值及其最佳表达方式拥有率先认知的能力。新闻发现的依据便是新闻价值评价的标准。关于什么是新闻价值的评价标准各不相同。其中，有按照受众需要来界定评价标准的，有按照一些规范性要求，比如与传播有关的宣传纪律、法律规范等界定评价标准的，还有从新闻传播的社会价值角度，事件的影响力对于社会生活的影响程度，来决定新闻评价的尺度。

我国记者主要是以下四条作为新闻发现的依据：第一，党和政府的方针政策；第二，自身所在媒体的定位；第三，社会热点、受众需求；第四，社会上普遍存在的问题。这也就是人们常说的新闻发现要善于"吃透两头"，即记者的新闻发现既要符合"上头"精神，符合中央当下的方针政策，符合媒体当下的报道思想以及选题倾向；又要符合"下头"的需求与动向，满足受众需求，关注百姓的呼声，回应当下的社会问题与社会舆情。这里需要强调的是，并不是受众所有的需求都可以称之为新闻发现的依据。一个人实际的状态和他对这种状态的心理反应常常是不一致的。"人们不一定能真实地、客观地意识到实际客观存在的状态，人们以为自己需要的，不一定真是自己需要的。"在新闻采访实践中，理应以受众的"实际存在状态"，即实际需求作为判断新闻价值的具体标准，这是因为人们的"实际存在状态"关系到人们的共同利益，是人们共同关注的话题。与此同时，人们对"实际存在状态"的感知，通常呈现出一个从隐性到显性的过程，一旦产生不满的感受，便容易诱发社会矛盾。因此，作为社会的瞭望者、守望者的新闻媒体及其新闻采写者，一定要密切关注受众的"实际存在状态"，从中及时发现社会上发生的新情况、新问题、新苗头。

所谓"社会上普遍存在的问题"，指的是记者在新闻发现的过程中，不仅要眼观上下——党和政府的方针政策＋社会热点、受众需求，而且要学会自己独立观察，要瞄准领导层尚未重视的、在社会上还未引发群众关注的却"普遍存在"的问题。大量的新闻实践证明，很多社会问题，譬如对艾滋病人的社会歧视，各地收容机构侵害农民工权益的违法行为等，都是经媒体的多次曝光之后，才能引起社会的广泛关注和相关政策的发布和执行。新闻采访者独立观察是一个重要的衡量新闻价值的维度，已成为记者发现新闻必不可少的依据之一。例如在全球面对新冠肺炎疫情的挑战之时，我们应该用怎样的心态去面对这次疫情，我们应该怎么去防范这类疫情的传播。新闻采访者需要从受众所关心和担心的角度以及社会面临的挑战角度进行新闻发现。

三、新闻发现的培养

融媒体采访与新闻采访的技能相一致，是可以通过反复、连续实践提高的。但是，成为一名卓越的记者，最重要的也是最难培养的素质是新闻发现。新闻发现的培养基础就是记者的新闻敏感。新闻敏感就是指记者对新闻敏锐的发现力和洞察力。《科学》周刊前主编、高级记者鲁宾斯坦曾说过："世界上最优秀的科学记者，有的是学纯科学的，有的是学新闻的。重要的不是他们在大学学了什么，而是他们的新闻敏感，也就是他们洞察故事背后的新闻能力。"

美国小说家诺曼·米勒因发表《夜里的军队》而获得普利策新闻奖。他在事后谈到记者这个职业时说道，他获得这个奖励实在是勉为其难，因为他深知记者是一项要求极高的职业。他说："他们每天都在寻找故事，他们必须有强烈的好奇心,以至于他们在最小的新闻事件上,也一定要挖出背后的秘密才会休息。"

培养记者的新闻发现能力,首先需要提高记者的新闻敏感。新闻敏感是指记者对发生的事件敏锐的发现力和准确的判断力。这两种能力来源于记者的好奇心和对事物的洞察能力。融媒体时代的记者要时刻保持好奇心,要对人、对事时刻保持天然的兴趣,要透过现象看到本质,不放弃任何一次学习的机会,所以要带着一双敏锐的慧眼,发现生活中的美与丑,发现事物的本质。

新闻敏感还要求记者要有突破自己舒适圈的勇气。一个优秀的记者在采访中如果发现这条新闻的价值已远远超出自己报道的预期,要努力抓准时机不放弃任何机会,当然,这也需要注意协调同事关系,如果已经有记者做了相关方面的采访计划,可以考虑与其他记者联手采访。

2019年12月31日,武汉市卫健委首次通报武汉新冠肺炎疫情。2020年1月18日,距离除夕不到一周,84岁的中国工程院院士钟南山连夜赶往武汉。21日,央视新闻客户端通过采访钟南山首次确认新冠肺炎存在"人传人"的危险,当晚人民网《面对疫情,任何侥幸都可能夺人性命》的评论及时推出。两天后,武汉实施"封城"措施。1月20日后的危险紧急时期,派记者进入武汉的媒体共13家,分别是《财新》《中国经营报》《中国新闻周刊》《南方周末》《新京报》《21世纪经济报道》《每日经济新闻》《中国青年报》《三联生活周刊》《北京青年报》以及界面新闻、澎湃新闻、第一财经等,他们联手对武汉抗击疫情的情况进行报道。[①] 该系列报道就凸显出了新闻发现对于外部世界事件的敏锐发现力,当新闻事件十分重大紧急时,不妨考虑联手对新闻进行不同角度的传播,以帮助受众全方位了解事件的发展。

四、新闻发现的方法

新闻发现体现了记者创造性思维的过程。新闻发现除了在报道之前需要寻找选题,还包括在采访现场的发现以及发现新的新闻线索。记者知道的事情往往都是已经发生的事情,也就是说新闻事实发生后记者才进行报道。那么怎样才能在新闻采访报道的现场把曾经发生的事情进行展示呢?这就需要记者具备新闻发现的能力,例如寻找典型、寻找当事人、寻找线索。所以说,新闻发现的方法之一就是要学会观察。

---

① 黄浩、雷鸣剑:《全国主流媒体新冠肺炎疫情防控报道的特色与启示——兼析深圳报业集团的抗"疫"报道创新》,载于《传媒》,2020年第7期,第19页。

记者的观察要达到"见人之所见，思人所未思"的境界。匈牙利生理学家森特·乔尔吉也表达过类似的观点："发现就在于看到所有人都看到的事情，却想到其他人没想到的东西。"观察不只是看，还要和思考紧密联系。因为观察是一个思考过程。你听说某地发生洪水，赶到现场；或者你得知一个有趣的新发现；或者你被派去参加一个学术会议；或者你走在大街上看到每家每户都插上国旗……这一切都可能激发你的好奇心，它们也是新闻的来源之一。个人观察是捕捉新闻的重要途径，好记者不会放弃任何观察的机会，每时每刻都关注着社会上的发展变化。

（一）主动观察法

首先要主动观察，要在日常的生活中看到别人看不到的事情。这对于记者来说是一项基本功，也是透过现象看到本质的一个重要能力。美国画家、艺术倡导者贾斯佩·强斯曾说："我认识到，我周围的许多事物我没有去看，却知道它们是存在的。比如你意识到一面旗是一面旗，但是你很少会去真正地看这面旗，它的表面是什么，它和其他的旗有什么不同。"其次，发现脱离常态的事物。观察需要花费记者大量的脑力和实践精力，与此同时，记者还要倾听、交谈和记录。真空式的信息收集是浪费时间，正确的方法是跟踪常态中出现的问题，与其问出了什么事，还不如问出了什么没有出过的事。最后，边观察边思考。在观察的过程中要客观地报道事情，记者要让自己更客观地观察，一个有效的办法就是换一种视角，而不是只靠经验。例如，你在观察一场羽毛球比赛时，想象自己是某球队的忠实球迷，那么你会注意什么？你再想象自己是羽毛球运动员，那么你会看到什么，听到什么，感觉到什么？你还可以想象自己是教练，那么这时你会关注什么？这种转换角色的观察能够帮助你在采访时提出到位的问题。观察和思考是密不可分的。记者要在观察中不停地问自己：这说明什么？为什么会这样？和其他事物有何联系？只有勤于思考，观察才能有意义。

（二）深度挖掘法

深度挖掘是指记者在完成一次报道任务时，思维多次变化与升华，对报道主题、素材和表达方式进行不断探索的过程。在制作新闻作品时，发现思维伴随着记者采写的全过程。随着采访的深入，记者对报道者的思考、对主题的思考、对报道角度和表达方式的思考不断升华，常常突破原来确立的主题和报道方式。这种思维过程有时发生在采访环节，有时发生在写作环节。产生了新的发现之后，有时需要修正主题的角度，有时需要修正挖掘事实的方向，有时则要变换报道体裁。但是，伴随着深度挖掘新闻选题内容，一定会采写出极具新闻价值和社会价值的优秀作品。

深度挖掘法是记者必备采写技能之一。面对海量碎片化信息之时，记者要不断分析探究其新的传播价值。第一，在融媒体蓬勃发展的现阶段，内容依然是影响受众传播的重要因素，因此，融媒体记者依然要坚守深度挖掘的理念对信息进行充分的分析与探究。第二，对素材的深度挖掘还体现在思想性的表现上，由于自媒体的发达，很多非专业记者在网上拼接剪辑一些视频片段而传播，这些信息虽然一时之间能引发受众的喜爱，但是不能产生长久的影响力，重要的原因就是没有思想价值。在融媒体传播时代，新闻产品一定要注重对其思想价值的引导，尤其是在思想多元化的今天，要基于一定事实去探究其思想价值的传播影响力，为弘扬社会美好、引导人的真善美做出有价值的好文章。第三，从舆论引导的角度来看，深度挖掘体现在对一些社会上发生的危机事件或者公共事件，要第一时间做出反应，要及时形成一种言论基调，帮助受众对整个新闻事件进行回顾和梳理，发挥舆论引导的功能。第四，深度挖掘还体现在新闻制作中。要建立观点和形式相结合的思维理念，注重将新闻观点和新闻理论的严谨与报道风格的活泼、明快相结合，贴近受众的心理感受，让受众在了解新闻事件的过程中产生一种心理上的亲近感。

（三）阅读与议程设置法

大量阅读报纸杂志、书籍、电子邮件、网页、博客、微博、手机短信及各种宣传材料。一个好记者不仅要看自己喜欢的东西，也要看一些"无趣"的东西，如政府报告、调研报告、历史档案等。我们把看电视、浏览微博也包含在其中，因为这两种活动也是借助媒体了解跨时空的事情，根据所阅读到的资料对近期受众所关心的事或物进行思考。在一段特定的时间内人们关心什么、讨论什么，总是会有一些话题比其他话题更引人注意，这些话题有的维持时间较长，如反恐、气候变化等；也有的维持时间较短，如某个明星说错了话、某家工厂出了事故等。当然还可以根据这些话题进行议程设置。例如，社会老龄化就是一个议程，老年人监护问题是这个议程中的一个话题，而你可能根据这个话题，策划报道老年阿尔兹海默病研究的最新进展。按照公众议程选题皆宜保证一定的关注度，因为公众已经对这一议程有兴趣了。

第二节　信源与采访对象

能在浩如烟海的信息世界中准确、及时地发现新闻事实，是新闻采访的第一个重要步骤，也是成为一名合格记者的首要要求。新闻事实通常蕴含在千姿百态的一般事实之中,能否在各种各样、数不胜数的一般事实中,准确、及时地辨别出什么是新闻事实,就依赖于记者的新闻敏感。

一、信源

信源是激发新闻敏感的第一要素。新闻敏感,也有人称之为新闻眼、新闻鼻,即合格记者所特有的职业敏感。它能够使记者在瞬息万变的大千世界中透过重重迷雾,一下子看到或嗅到新闻事实在哪里,或者哪里会有新闻事实出现。具体说来,所谓的新闻敏感就是记者敏锐的新闻发现力、鉴别和预见新闻事实的能力。

新闻敏感的获取对象是新闻信息,要获得大量的信息则需要有信源。那么什么是信源?信源就是信息的发出者。从国家主席到普通老百姓,伴随着记者的报道主题和内容的变化而变化。汤姆·芙兰奈瑞曾说过:"我把我见到的每一个人都当作潜在的信源,走到哪里我都带着名片。"不同的信源在不同的新闻报道题材中,充当的角色不同,通常信源可以有三种身份。

(1)新闻眼线,也就是新闻爆料者。他们告诉记者什么事件值得关注,给记者寻找新闻报道题材,提供线索。例如,一名普通市民给报社写信,告诉报社他所在小区业主委员会成功的经验。各种人都可能成为记者的新闻眼线,但记者仍然要根据经验判断他们提供的线索是否有报道的价值。

(2)新闻人物,也就是新闻报道对象,例如名人、高官、富商、获奖者等,这些人也是记者报道的主角。

(3)新闻评论员,即新闻解说人员。他们的话语赋予新闻事件意义,可以帮助读者深层次理解新闻事件和人物。新闻评论员可以包括各领域专家、研究者、媒体工作者、政府官员、权威机构负责人等。新闻评论员资历越高,说话分量越重;他们态度越是中立客观,可信度就越高。

不同的报道类型对信源的要求不一样。新闻报道要求真实、可信,记者在报道医疗事故事件时,目击者说的话,受害者说的话,警方说的话,可信度是不同的。新闻报道要求公正,那么记者在报道一起冲突事件时,冲突双方互相谩骂的话就不如独立、没有利益关系的第三方说的话客观公正。在新闻采访过程中各方观点都要呈现。

二、采访对象

采访对象是记者为获取新闻事实或掌握社会舆论动向而访问的人物,或主动向记者提供情况和意见的人士。前者包括当事人、目击者、知情人,以及与新闻事实有关系的人,后者主要是有关部门的新闻发布人员,有时还有与新闻事实有特殊关系的人。对于后一类采访对象提供的情况,需要认真分析、区别对待,引用他们提供的事实要适当交代来源。

要充分了解采访对象。约翰·布雷迪曾说:经验丰富的记者一致认为,每采访一分钟至少要准备十分钟。[①] 也就是说,记者只有在充分的准备下,才能更好地把握采访的节奏,采访到有效且有价值的信息。因此,在拟提纲前要把采访对象的背景资料调查清楚,要充分了解自己的采访对象和采访单位的基本情况,避免弄错对方的基本信息。在采访前要尽可能多地、全面地收集材料,并且通读它、消化它。避免问一些过于基础的常识性问题,以免让被采访人觉得非常不受尊重。第十二届长江韬奋奖获奖者、高级记者张显峰表示,对采访对象和所要采访的事件(话题)了解越深,设计的问题越有针对性,越能给人以知己知彼的专业感和被尊重感,对方才会认真对待你的问题,甚至会主动提供问题之外的有效信息。

采访对象可以包括报道对象,但其涵盖范围远远超过报道对象。记者在采访活动中,既要根据新闻线索或报道意图慎重选择采访对象,也要尽可能预先了解采访对象的情况,包括他们与新闻事实的关系和心理状态,采取相应的采访方式和方法。这是顺利进行采访活动,确保事实真实可靠的重要前提。

由于受到特定的社会因素的影响,个体成长的过程中会形成独特的心理特征。从最基本的维度来看,采访对象的个体性格主要倾向于两种特征:理性和感性,内向和外向。如果按照这两个维度来分类,采访对象大致可以分为以下几种类型。

一是理性外向型。这一类采访对象有较强的理性思考能力,不容易受到自己情绪的影响,而且善于与人交流。他会把自己想告诉记者的内容通过良好的表达方式传递给记者。面对这样的采访对象,在大多数情况下,记者都比较省心,因为不需要过多地提问,采访对象就会较为主动地把信息传递给记者,而且这些信息通常都有比较高的价值。在这种情况下,如果记者提问过于频繁,往往会适得其反。

二是感性外向型。这一类采访对象很健谈,不会刻意隐瞒什么信息,但容易受到情绪的影响,思维也比较活跃,容易谈一些与采访无关的话题。面对这样的采访对象,记者应设法保持其交谈的积极性,同时也应努力控制谈话的主题,反之容易出现时间花费不少、信息却获得不多的结果,甚至可能会出现不

[①] 约翰·布雷迪:《采访技巧》,范东生、王志兴译,新华出版社,1986年,第48页。

欢而散的场面。在这种情况下,记者要学会追问,让谈话始终围绕主题而展开。

三是理性内向型。这一类采访对象堪称"内秀",对问题的思考较为深入,但不善于与人交流,不轻易把自己的想法表达出来。因此,如果记者没有出彩的提问,就无法打开采访对象的"话匣子",采访有可能无疾而终。当然,如果记者能够找到双方共同感兴趣的话题,那么这一类采访对象往往能为记者提供一些独家素材。

四是感性内向型。这一类采访对象的内心世界比较丰富,与第二类对象一样,他们容易受到情绪的左右,但不善于与人交流,通常比较自闭。对这一类对象进行采访,记者的任务比较艰巨,不但应当注意调节采访的气氛,保证采访对象有一个好心情,同时还要找到他们感兴趣的话题,不然容易造成冷场。

了解自己的采访对象属于哪种个性心理,有助于记者充分准备采访策略。但是需要注意的是,记者本身的存在以及现场环境的影响会使得采访对象原有的心理状态发生变化。对于采访对象来说,记者总是突然闯入,使得采访对象的原有心理状态发生改变,因此出于人本身的一种戒备心理,一个性格开朗善于言谈的人,也可能会因为记者的提问变得冷漠,少言寡语;一个本来就内向的人,通常见到记者就变得紧张过度,不知所措。所以当记者面对性格比较内向的采访对象时,一定要设法了解清楚是什么原因造成的,是他的个性使然还是戒备心理作祟。对此做一点分析,使自己有比较充分的心理准备是完全必要的,只有这样才能找到打开采访对象心灵之门的钥匙,否则采访对象紧张得连呼吸都困难,记者浑然不觉,只能使采访走进死胡同。

为了缓解采访对象的紧张情绪,记者要学会倾听和寻找话题,不要先入为主。采访对象想说什么,记者随声附和就行。等到采访对象说到需要采访的话题时,记者要及时引导,因为随着采访对象开口说话,他内心的紧张程度逐渐得到消解,说到需要采访的话题时说明采访对象已经开始接受采访,记者随之进行引导就更易成功。

有的采访对象因为过度紧张而说不出话,在这时记者就得主动说话,但是不能迫不及待地提问。此时越是连续不断地提问,采访效果越差。常用的办法为:记者来一段开场白或者轻松幽默地介绍一下自己,或者与采访对象寒暄一番,慢慢将话题导入正题。在必要的时候,甚至还要与采访对象套套近乎,这样采访对象才能把记者当成聚在一起畅谈的熟人。

第三节 采访前的计划与准备

新闻采访是一个系统活动，分为三个阶段，即采访前期、采访中期和采访后期。采访前期即新闻采访的策划与准备。凡事预则立，不预则废，新闻采访亦然。由于新闻采访是有目的的舆论传播，因此更需要通过系统的策划与准备来提高新闻采访的质量。

所谓的新闻策划，不是策划新闻，是对整个新闻传播过程的谋划设计。它是新闻采访前重要的准备阶段，会直接关系到新闻报道的成败，新闻采访前策划越完备，采访就会越全面。通过系统的策划准备，从业人员更容易完成一篇高质量的、更具价值的新闻报道。新闻采访前的策划准备，不仅可以提升报道的质量，还可以提高报道的效率，节约人力、物力、财力。

一、融媒体时代新闻传播特点

（1）短平快。融媒体时代下，新闻传播特点不断契合大众"短平快"的阅读习惯。一方面，新闻视频播放时间"短"。受众可以通过移动终端接收不同种类的信息，而信息爆炸式的侵袭，使得短小精悍的新闻内容更容易吸引受众，冗长篇幅的新闻稿令观众阅读兴趣大幅下降。另一方面，新闻内容"平"常事居多，往往是百姓最关心的话题，很多热搜新闻不再呈现宏大新闻主题，反而是百姓平常所见、所闻、所感。"平"并不意味着没有新闻价值和社会价值，平常新闻中颇受受众喜欢的新闻，依然是拥有优质内容的新闻作品。除此之外，普通受众的新闻阅读速度更"快"。根据《2020中国网络视听发展研究报告》调查结果显示，人均单日在线110分钟，平均单日阅读新闻数量超过60篇，用户阅读速度明显提高。

（2）新奇特。由于新闻爆料速度加快，新闻内容更"新"速度也随之加快。"新"主要是因为自媒体的出现，令很多新闻事件在发生之后第一时间就被报道出来，故而新闻内容更新速度空前快。由于海量新闻信息占据了用户大量阅读时间，以至于更加新"奇"的新闻内容关注度居高不下。能够在海量新闻内容中脱颖而出，也必然具备"新奇特"的基本特点。[①] 该特点内涵还包括新的报道角度、新的传播方式，例如在2021年两会期间，关注两会信息的报

---

① 李维：《融媒体时代新闻采访与写作技巧的创作路径探索》，载于《采写编》，2021年第6期，第54页。

道呈现出不同矩阵的方式，有虚拟主播报道、H5报道、现场报道、网络互动报道等各种方式。因此，融媒体时代，伴随大众新闻阅读习惯的变化，新闻传播产生了新奇特的普遍特征。

二、融媒体时代下新闻采访要素

（1）遵循真实，客观采访。融媒体时代新闻采访的第一要素，仍然是遵循真实。新闻记者采访时，不能掺杂个人情感，需要以绝对客观的中立态度去采访，否则很可能违背新闻真实性原则，甚至误导受众。例如，在《乌铁最美瞬间，普通的职业，平凡的岗位》报道中，记者采访了库尔勒电务段组织人员、乌鲁木齐客运段动车队动16组列车长、哈密站客运值班员、库尔勒客运段杭州车队，这些平凡岗位上都是旅客经常看见的"既熟悉又陌生"的身边人。采访内容如果缺乏真实性，不只是读者容易察觉，就连旅客也会消极反馈。报道新闻的目的是反映客观事实，真相远比"标题党"捏造的事实更具影响力。即便他们无比平凡，也会因为真实而备受关注。

（2）小切口，深挖掘。提问技巧是记者必备的新闻采访技能之一。很多被采访对象都是普遍人，没有新闻采访问答经历。初次面对镜头采访对象难免紧张，想说的话可能到了嘴边却又说不出来。为此，巧妙提问必须从简单的闲聊开始，让被采访人放松下来，进而提供新闻事件的关键线索。为了保证新闻内容的真实性，也要抓住采访重点，深究细问，梳理新闻事件的背后真相，还原新闻真相于观众眼前。

（3）延展问答，追根究底。如果通过询问已经了解到新闻事件真相，发现这一新闻线索可以持续跟进，那么就需要记者追踪采访，延展问答。简而言之，记者需要具有新闻敏感能力，发现新闻线索就必须刨根问底，从而令整个新闻事件浮出水面，让观众更全面地了解到新闻事件的发展脉络。尤其是新闻事件因某种原因已经结束，更需要后续跟进采访，通过延展采访时间和空间，进一步拓宽采访路径，令受众能够全方位了解。如在《子女读书难就业难？集团公司的做法挺暖的》新闻报道中，初期记者只是了解到有"金秋助学"活动。为了更深入地报道该新闻事件，记者采访了实习货运员梁靖，了解到梁靖的父亲梁斌是乌鲁木齐货运中心职工，因患大病致家庭困难，成为重困职工。梁靖在集团公司"金秋助学"活动的帮助下得以完成学业。后经集团公司工会积极沟通协调，与集团公司签约并分配到乌鲁木齐货运中心。如果新闻采访仅停留在"金秋助学"活动的层面上，无具体的新闻采访对象，那么这样的新闻报道也会空洞乏力，无法还原新闻事件真相，也无法吸引读者的关注。因此，延展问答，追踪采访，是融媒体时代不可或缺的新闻采访要素。

三、融媒体时代新闻采访的提纲设计

首先，要明确报道思想。新闻政策是指关于新闻报道界限的规定。具体包括：能报道什么，不能报道什么，着重报道什么，一般报道什么，报道中应该注意些什么，等等。严守新闻政策，是新闻工作者的职业准则，在谨遵新闻政策的基础和原则上，记者要明确新闻报道思想，这样才能进行目的明确的新闻策划与准备。明确新闻报道思想，有助于新闻作品的表达符合客观实际，更好地发挥引导作用。新闻报道思想是一种主观意识形态层面的产物，在报道中要十分注重主观与客观的统一，因此，当我们发现某一事件时，首先需要考虑的就是如何有一说一地将事实呈现出来，从实际出发，将事件背后的故事采访出来。

其次，拟定采访提纲，确定采访的顺序与活动安排。第一，确定采访的地点。要考虑在什么场合采访比较合适，是在公开场所还是在私人空间，是在环境安静的地方还是在较为温馨的公共空间。第二，确定采访时间。在采访前与采访对象约定好时间，选择双方合适的时机，确定谈话时长。第三，确定采访次数与采访方式。预先设定好采访次数，因为有时候一次采访可能没有采访全面，预先设定好采访次数有助于避免因为事先缺乏周密考虑而多次采访给采访对象带来麻烦。确定好采访方式，是一次采访一个人，还是同时采访几个人，是赶赴现场采访，还是事后补充采访或暗访，等等。第四，确定采访的主要方法。在采访计划中，要确定用什么方式进行采访，是用电话采访、网络采访还是面谈，是召开座谈会还是参加记者招待会，是通过直接的方式进行采访还是进行深入的采访、民意测验，是单纯运用一种采访手段还是综合运用多种手段。记者要根据不同情况，选择不同的采访方法。第五，确定采访的主要问题。在采访计划中要尽可能全面地确定好采访的主要问题，至少要有一个采访问题的框架。它包括以下几个方面的问题：一是明确采访的主要内容，到底提多少问题合适，这些问题涉及哪些方面；二是确定进入主题的方式，是开门见山地直接提问，还是迂回曲折式提问；三是确定提问的顺序，是先易后难，还是一开场就把最尖锐的问题摆到采访对象面前；四是确定采访的态度以及设计好采访开头、过渡和结尾的方式。

再者，注意剖析采访对象心理。在采访的过程中，时空和环境的影响往往会使采访发生稍许变化，因此记者需要有灵活应变的能力，要根据现实情况调整采访计划，实施采访策略，保证采访顺利进行。所以，在采访的过程中一定

要不断剖析采访对象的心理活动。人的心理是反映客观事实的，采访对象的心理反映其所处社会环境、生活经历、文化素养、性格习惯等。记者要学会判断采访对象的心理活动，根据上一节内容所讲过的采访对象的特征与分类，识别采访对象的言行举止下的本质表达，换位思考，剖析采访对象动作的心理暗示，从而挖掘客观的事件评价。采访对象一般有先期性心理和临访性心理，采访对象不同的心理情况直接影响到新闻采访的有效性。根据采访对象心理的表现形式，采访对象的访问心理可分为积极配合型、一般协作型和蓄意应付型。需要新闻工作者剖析采访对象心理，运用语言技巧来提高采访效率，达到采访目的。

最后，合理利用网络传播。合理利用网络传播信息，不仅可以增强信息与受众之间的触达率，还可以高效地完成采访任务，新闻记者要有选择地学习、借鉴新兴媒体的运营机制，提高新闻采访的质量和效果。合理利用网络传播包含三种方式：一是要强化从网络上获取新闻线索的意识，二是要在新闻采访中积极注入网络元素，三是要善于采用网络内容。在合理利用网络传播中一定要注意采用哪些网络对新闻进行宣传，当然采用的手段不同，所制作的新闻产品类型也不同。像纪录片这种题材和内容比较全面的，就不太适合放在短视频上传播，一般都是放在电视或网站上，而一些碎片化节目制作花絮或者重要的采访片段，则可以投放在短视频平台，诸如话题的讨论，则可以放在微博上。因此，作为融媒体时代的新闻工作者，在设计新闻采访提纲时，要充分考虑平台的属性和受众的特点，要全面设计采访的整体过程，为优秀的新闻产品做好前期规划。

关于"××××××"的融合报道策划（样稿）

一、新闻背景与选题

根据主题从两个方面来进行阐述，一是选题的背景是什么，为何做这个选题；二是选题传播的目的是什么，想达到什么样的效果。

二、确定报道范围与重点

选题采访的对象是哪些人？这些人有什么样的特点或者特色？（需要与采访的主题相关）

三、设计报道规模、报道进程与媒介形态运用

（一）报道规模

如果是融媒体策划，那就要设计"三微一端"（微博、微信、微视频、客户端）和传统媒体分别报道什么类型的文章或者视频。

（二）报道进程

根据时间的要求分阶段分层次报道。自己设计几个阶段，明确每个阶段报道的重要内容是什么。

（三）媒介形态运用

如果是融媒体报道，那么本次报道将以融媒体思维为主导，运用报纸、网站、微博、短视频客户端等多种媒介进行联动报道。

四、制定发稿计划

本次发稿采取全媒体的发稿形式，通过多种媒介形式、渠道全方位融合报道。

（一）传统媒体

1. 报纸刊物

要选择一个主题，或者就能表现主题的任务进行策划，例如：

（1）新闻报道。报纸以"×××"为专题题目，发布2~3版包括消息、社评等形式的报道，向受众展示××××，唤起人们对于本次报道主题的关注。

（2）深度挖掘。选择具有代表性的××故事进行深度挖掘，同时通过评论员文章、专家观点等全方位报道，为读者深入报道×××××。

（3）媒介融合。在报纸专题上设置用户端二维码，用户通过扫描二维码进入客户端讨论。

2. 电视节目

要选择一个主题，或者就能表现主题的任务进行策划。

（二）新媒体

1. 网站

要选择一个主题，或者就能表现主题的任务进行策划。

网络图集：××××××

网站广告：××××××

2. 微博

要选择一个主题，或者就能表现主题的任务进行策划。

五、确定报道结构与报道方式

根据深度报道内容与呈现形式的需要，选择集中式报道方式和收束式报道结构，展现××××相关报道。

六、报道力量配置

针对不同的媒介发布渠道，设立不同的工作小组，同时建立上下级报告网络系统，明确分工，并与调研、广告、发行部门相配合，以便新闻信息可以顺畅地进行多次加工，形成不同种类的新闻作品。

七、方案实施与反馈

在报道中建立信息反馈机制，主动、全面、及时接收各方面的信息，对报

道方案进行调整。对各种突发情况，如设备损坏、采访对象不接受采访等问题做出相应应急预案，保证采访顺利进行。

<h2 style="text-align:center">思考和练习</h2>

一、融媒体新闻发现的方法有哪些？

二、信源与被采访者之间有什么区别与联系？

三、融媒体新闻传播有什么特点？

四、采访前需要准备的工作有哪些？

五、假若近期你要做一期融媒体专访，采访东京奥运会参赛运动员苏炳添，请拟定一份采访提纲。

第四章　融媒体采访的方法

近年来，随着互联网的发展，传统的媒体传播模式发生了巨大的改变，社会文化的传播形成了向视觉转向的重要特征，以短视频、图片新闻为代表的、基于移动互联网背景的大数据、云计算、人工智能、5G等新兴媒介技术的融合传播迎来了爆发式的增长。

在融媒体报道中，内容的生产形式具有多样性，主要包括四个方面：首先是传统的专业媒体人生产的内容（PGC）。这些内容一般由主流媒体机构生产和发布。其次是用户生产内容（UGC）。这部分主要是以自媒体为代表的用户生产的内容，传统意义上的受众越来越多地参与到新闻传播的环节，成为真正意义上的用户。他们不但是新闻的接收者，也是新闻的发布者，并以其具有的广泛性、多元性、贴近性等优势，成为当前媒体内容不可或缺的重要组成部分。再者是机器生产内容（MGC）。随着人工智能技术的发展，利用智能机器人生产新闻也开始成为融媒体时代内容生产的重要补充。最后是由传感器搜集来的信息（SGC）。在"万物皆媒"的时代，这种方式也将成为融媒体内容生产的一个方向。

用户生产的内容和专业媒体生产的内容相比，在形式和内容方面具有一定的丰富性，但在权威性、公正性和舆论引导方面，专业媒体生产机构的作用更明显，特别是在重大新闻事件的报道方面具有不可取代的地位。由此可见，融媒体新闻产品不管形式如何多样，其内核还是要遵循传统新闻采访的基本逻辑。基于以上原因，本书所指的融媒体新闻采访的内容主要从专业媒体机构的内容生产来阐述。这样，既遵循传统新闻报道的采访规律，又体现了移动互联网时代融媒体采访的技术逻辑。

融媒体新闻采访总体来说，包括三个阶段：确定选题、选择采访对象、实施采访。

第一节 确定选题

从专业媒体生产的内容来看,好的选题是成功的一半,记者在寻找选题时不能被动等待,要从源头上去发现信息,筛选出符合自己目标的选题。不管是传统的新闻采访还是融媒体新闻采访,选择选题的基本原则都是相同的,在选题来源方面主要有以下几个方面。

一、生活中发生的事件

从传播的角度来看,社会生活中发生的重大事件永远是受众关注的焦点,也是媒体报道的焦点。在互联网时代,世界各地发生的重大事件在很短的时间内都能通过网络传播到不同地方,形成传播热点。

1. 突发事件

突发事件指突然发生的、出乎人们意料的事件。突发事件包括两层含义,一是事件发生、发展的速度很快;二是事件难以应对,必须采取非常规方法来处理。

对于突发事件来说,选题具有很强的时效性,媒体机构如何在第一时间进行报道是处理这类选题的关键。北京时间2008年5月12日14时28分4秒,四川省阿坝藏族羌族自治州汶川县境内发生里氏8.0级地震(中国地震局修订后的数据),震中位于四川省汶川县映秀镇西南方,地震最大烈度11度,地震影响波及大半个中国,全国25个省(区、市)有明显震感。在当时的中国,移动互联网技术还没有发展到现在的程度,也没有智能移动终端,作为国家电视台的中央电视台,在四川震区通信中断的情况下,在时任新闻中心主任梁晓涛的指挥下,在仅有国家地震局"四川发生地震,目前震级正在确定中,震中正在确定中"的有限信息下,果断指挥新闻频道"开窗口"直播,在14点50分播出了四川发生地震的字幕消息;15点的整点新闻片头后,主播耿萨口播了来自国家地震局的最新消息,四川汶川发生7.6级地震;15点04分,配发汶川简易地图;15点08分,主播耿萨连线重庆台记者苟海东,了解了离四川最近的重庆的受损情况;15点20分,新闻频道打破正常节目编排,推出"抗震救灾、众志成城"汶川地震直播特别节目。① 中央电视台的这次直播活动,保证了电视直播与新闻事件同步,第一时间给受众带来了最新的信息,掌握了

---

① 梁晓涛:《震撼:电视档案》,中国民主法制出版社,2008年,第4—7页。

报道的先机，很好地控制了舆情。

2. 普通事件

人们每天都要面对新事件的发生，这些事件构成了社会生活的内容，也是新闻报道中常见的内容。在融媒体时代，新闻记者更要具有高度的新闻敏感，在日常生活中发现选题，从平常事件中发现新闻。

二、记者擅长报道的领域

不管是传统媒体时代还是媒体融合时代，作为一名专业机构的记者一般都有自己的报道领域，在媒体机构俗称"跑口"记者。这个"口"指的是国家政府机构或企事业单位不同的行业领域。每一个记者在自己的"口"内都有比较成熟的人脉资源，通过这些资源，记者可以获得相关行业内发生的重要新闻事件线索，对这些事件的报道，能在纵深方面表现行业发展的整体情况。例如，《法治在线》是中央电视台新闻中心社会部的一个政法类栏目，该栏目的记者专门报道全国公、检、法、司、消防、边防等领域的典型性新闻事件。2006年10月7日，《法治在线》播出了一期名为《缉毒神警印春荣》的节目，讲述了云南保山公安边防支队缉毒民警印春荣的故事。他是缉毒战线上赫赫有名的缉毒能手，由于案件需要，多年来他不断变换身份与毒贩们周旋。该期节目讲述了印春荣乔装成送货人与绰号为"黄毛"的毒贩交易，最后与同事配合一举抓获黄毛及其犯罪团伙，缴获海洛因53公斤，毒资300多万元，摧毁了一个带有黑社会性质的贩毒集团的故事。[①] 这期节目通过"跑口"记者的跟拍和采访，给受众展现了中国禁毒战线上刀锋战士的感人故事。

三、网络信息

作为一名新闻记者，除了利用自己的资源来获取选题，还可以利用互联网的海量信息来发现选题。一般来说，记者可以浏览一些大的门户网站、相关的专业网站、微博、微信公众号和新闻客户端来寻找选题信息。对于这一类信息的获取，要注意时效性和核实新闻事件的真实性，不能进行炒剩饭式报道和虚假报道。

四、受众的反馈信息

在融媒体时代，受众既是新闻的接收者，也是新闻的生产者。在融媒体

---

① 《法治在线·缉毒神警印春荣》，http://space.tv.cctv.com/podcast/fazhizaixian，2006-10-07。

报道中，记者要重视与受众的互动，在互动中获取有价值的选题。新闻机构可以通过热线电话、电子邮箱、微博、微信公众号或其他人际传播手段获取线索。

第二节　选择采访对象

在新闻采访中，除了记者的现场记录和介绍，对新闻事件相关人士进行口头访问也是获取有价值信息的重要途径，所以，选择好采访对象对于新闻采访至关重要。一般情况下，可以从以下几个方面来选择采访对象。

一、事件的亲历者

事件的亲历者是最重要的采访对象。通过采访事件当事人，用其视角来还原事件的经过，可以得到最直接、最权威的新闻信息。同时，对于事件双方当事人的采访，可以更客观、全面地反映事件的真实情况，实现新闻报道的客观公正。

二、现场的目击者

除了新闻事件的亲历者，在新闻现场的目击者也是重要的信息源，他们的叙述，可以提供有关新闻事件的重要信息。在互联网高度发展的今天，记者除了面对面对现场目击者进行采访，还可以通过互联网进行沟通，获得相关的新闻事件信息。当然，记者对这些信息要加以甄别，要多方了解情况，选择最有说服力的内容进行报道。

三、与新闻事件有联系的人物

在新闻报道中，一个新闻事件不是孤立存在的，一般都会有与之相关的人或物。记者在选择采访对象时，除了采访新闻当事人和现场目击者，还要采访与这一事件有关联的人，通过这些人的叙述来还原新闻事件的要素，增加新闻的真实性。

四、新闻事件的评述者

有时对一些新闻事件的报道需要采访一些客观中立的人物，通过这些人物的评论来增强新闻主题的说服力。一般情况下，事件评述者包括街采对象和权威人士。

1. 街采对象

所谓街采，顾名思义就是在街头采访不同类型的人物，让他们发表对某一事件或观点的看法。

街采最早可以追溯到20世纪60年代法国人类学家、纪录片导演、"真实电影创始人"让·鲁什的代表作《夏日纪事》。让·鲁什一直致力用镜头还原人类生活，在拍摄时他会与被拍摄对象互动，甚至让自己出现在纪录片中。1960年夏天，在法国巴黎的街头，让·鲁什和社会学家爱德加·莫兰合作拍摄纪录片，他们通过移动摄影的方式，手持摄像机对路人进行采访，问的都是同一个问题：你幸福吗？（如图4-1）

图4-1 纪录片《夏日纪事》街采场景

1999年的北京，北京电影学院的学生雎安奇和刘勇宏拍摄了纪录片《北京的风很大》。片中雎安奇手持简易话筒在北京街头截住形形色色的路人，突兀地将话筒伸过去问"你觉得北京的风大吗？"，雎安奇甚至冲进男厕所采访正在上厕所的人，这种"侵入式"的街头随机采访收到了不同的反馈，有说北京的风大的，有说风不大的，还有路人骂他们是神经病。（如图4-2）

图 4-2　纪录片《北京的风很大》街采场景

2012年，中央电视台新闻频道走基层记者也效仿了《夏日纪事》的街采手法。在中秋、国庆双节前夕，中央电视台推出了《走基层：百姓心声》特别调查——"幸福是什么？"[①] 在这个调查节目中，多路记者分赴全国各地采访了各行各业几千名劳动者，他们问的都是同一句话："你幸福吗？"其中山西太原清徐县北营村的一名务工人员面对记者的提问，用眼神上下打量了一番提问的记者，然后答道："我姓曾。"这段对话让收看该期节目的观众忍俊不禁，在网络上引发了热烈的讨论。（如图 4-3）

图 4-3　央视《走基层：百姓心声》街采场景

2. 权威人士

在新闻采访中，记者经常会采访相关领域的专家、学者或政府官员，呈现

[①]《走基层：百姓心声》，https://tv.cctv.com/2012/09/29/VIDE1355706398844240.shtml，2012-09-29。

他们对某一事件或某一观点的看法，通过这些权威人士的观点来增强新闻的说服力。当然，记者在采访这些权威人士时，要注意验证其观点的可信度，不能一味依赖专家。

第三节　实施采访

采访是新闻记者的看家本领。一个优秀记者的高明之处在于在采访中掌握通向事情真相的话语引导权的能力。新闻记者在新闻报道过程中要表现出专业精神，除了灵活运用各种新媒体技术，最核心的要务是做好采访。

采访的方法分为一般性采访和特殊性采访。

一、一般性采访

（一）建立良好的"场"

在采访之前，记者和被采访对象往往并不熟悉，要让被采访对象开口说话，向记者吐露心声，记者需要有好的采访方法，营建一个好的"场"，才能营造出宽松的采访环境，缩短与被采访对象之间的心理距离，取得好的采访效果。

1980年8月21日，邓小平在人民大会堂118厅会见了意大利著名记者法拉奇并接受了她的采访。法拉奇用"明天是您的生日，我要祝贺您，祝您生日快乐！"在采访开始建立了一个很好的"场"，随之在轻松的氛围中开始了正式的采访，成为新闻采访历史上的一个经典案例。

法拉奇毕竟是有经验的老记者，一坐下来，就把录音机放在茶几上。其实，第一次坐下来面对这位世纪伟人时，她对采访能否成功，心里也没底。似乎为了给邓小平一个好印象，她说："明天是您的生日，我要祝贺您，祝您生日快乐！"邓小平幽默地说："明天是我的生日？我从来不关心什么时候是我的生日。"法拉奇说："我是从您的传记中知道的。"邓小平说："就算是吧，也别祝贺我。我已经76岁了，到了衰退的年龄啦！"法拉奇说："我父亲也76岁，我要这么对他说，他肯定会打我两巴掌的。"邓小平说："当然不能对你父亲这么说。"

采访就在这样轻松的气氛中开始了……[①]

[①] 李纲：《伟人的睿智和风范至今难忘——英文翻译施燕华回忆邓小平接受法拉奇采访》，载于《党的文献》，2007年第2期，第14—15页。

（二）记者与被采访对象是平等的

需要强调的是，不管是什么主题的采访，记者与被采访对象都是平等的，哪怕被采访者是罪犯。记者不能代表法律用居高临下的、审问式的语气去采访。中央电视台《新闻调查》栏目的知名记者长江曾经说过，记者即使在做揭露性报道时也要心平气和，不能趾高气扬。相反，记者必须时时警惕自己，告诉自己不是钦差大臣，不是法官，不是检察官。同时还要花大力气学会低调，学会尊重，学会研究，最后学会提问。

（三）要体现独特性

1. 要有独家的眼光、独家的事实、独家的点评

记者在做新闻采访过程中，要多运用发散性思维，根据新闻事件的特点来进行思维创新，提出一些具有新意的问题，从而获得更多有效的、真实的、独家的新闻信息。在采访内容的设计上要有独特的角度，从被采访者的回答中发现新颖的、与众不同的观点和事实。

2. 要找准客观的立场

记者面对新闻事件，要从客观中立的角度进行分析，对采访对象的观点进行客观呈现，不能为了追求轰动效应而歪曲事实。

3. 要有独特的采访形式

好的记者在采访中都有独特的采访形式，会选择合理的切入点，合理使用道具，以及与采访对象交流时合理运用表情、肢体语言、提问方式，不随大流，不人云亦云。有特点的采访形式容易让被采访者产生回答问题的冲动，也能让受众产生"眼前一亮""耳目一新"的感觉。

4. 要有深度的意识

记者在采访前要做好"功课"，对与选题有关的材料要准备充分，不能潦草应付，做表面文章。只有做足了准备工作，才能做出有深度的采访。准备工作一般要从四个角度入手：一是要考虑受众需求。在采访前要换位思考，把自己当成观众，对于这个选题你想知道什么，观众就想知道什么。二是具有严密的条理逻辑。要顺着事件的脉络进行有逻辑、有关联的提问。三是从被采访对象的实际出发来提问。要结合被采访对象的工作性质、性格特征、文化水平等实际情况来设计问题，不能问一些空洞又不切合实际的问题。四是要有独特的表达方式。在采访中不管用什么方法来提问，都要靠记者的细心观察和独特的采访意识来表现。

（四）一般性采访的方法

1. 提问法

采访有学问，凡是采访效果好的新闻报道无一例外都是因为提问好。要想让被采访者说得精彩、让新闻报道有深度，好的提问是最先决、最重要的前提。只有好的提问才会得到被采访者好的回答，才能采访到最有价值的新闻素材。

英国小说家罗伯特·史蒂文森曾经这样形容采访时的提问："你提出一个问题，就像投出一块石子，你静静地坐在山头听着回音，石子滚远了，再接着投下去。"对于一个记者来说，提问就如同探路的石子，投出这个石子，就要力争收到理想的回音，让被采访者精彩的叙述和评论成为一篇新闻作品的点睛之笔。

新闻采访提问从何处切入是采访是否成功的关键。切入点是采访对象的兴奋点，也就是采访时话从哪儿说起，大到被采访对象的政治立场、思想观点、情感性格，小到穿着打扮等。选择巧妙的切入点是采访成功的基石，更可能顺利得到丰富的新闻信息。

2013年4月28日，中央电视台新闻频道播出了《陕西华山：独臂挑夫负重120斤华山行》的新闻报道[1]，用四分多钟的片子讲述了52岁的陕西镇巴县华山挑夫何天武的故事。1992年，何天武在妻子去世后为了养家去煤矿挖煤，不幸失去了左臂，最后来到华山做挑夫。他每天背上百斤重的货物，从华山脚下把货物背到一两千米高的华山北峰，靠微薄的收入支撑起一个家。片子的切入点很巧妙，通过老何准备出发时老乡帮他给左腿缠绷带的场景切入。记者问老何为什么缠绷带，通过老何的解释，随着镜头的移动，受众知道了他左腿静脉曲张，且失去了左臂。（如图4-4）

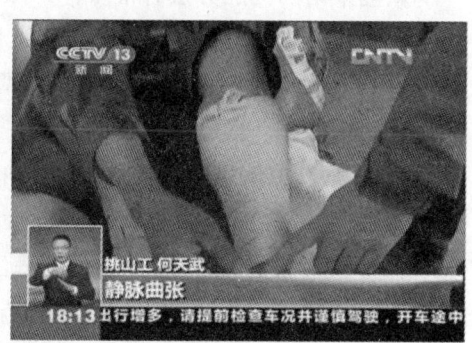

图4-4 《陕西华山：独臂挑夫负重120斤华山行》的场景

[1] 《直通景区·陕西华山"独臂挑夫"：负重120斤华山行》，https://tv.cctv.com/2013/04/28/VIDE1367144641503844.shtml，2013-04-28。

记者的提问收窄了问题的切口，观众既看到了他没胳膊，又知道了他患有静脉曲张，情感受到冲击。在整个片子中没有听到记者更多的提问，但是老何的好答就体现了记者的好问，说明记者问了好的问题，只是剪辑时没有用上而已。这个片子还有一个成功之处就在于记者在特定的环境里采访，强化了现场效果。记者并没有在山下老何家里采访，而是和老何一起登华山，在登山的过程中完成了对老何的采访，同时在上山途中非常关心老何的行动安全，通过不经意的一些话语和动作获取了丰富的采访信息。在很陡峭的地方，记者一句"要不要我拉你一把？"，老何说"不用不用，我自己掌握平衡"；老何送完煤气罐后有些头晕，记者让他休息一下，在休息擦汗时记者和他交流说看到左臂肩膀上的勒痕，告诉他衣服也湿透了，老何说"早都湿透了，一般走不到三四百米远内衣就湿透了……"（如图4-5）这些看似不经意的问话让受众看到了真实的老何，感受到了他工作的艰辛，同时也看见了记者的仁义之心。

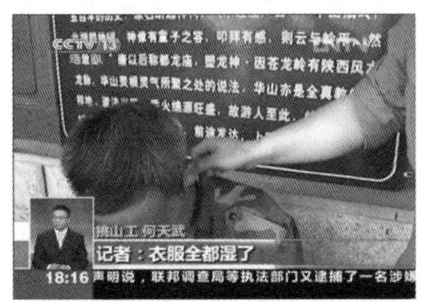 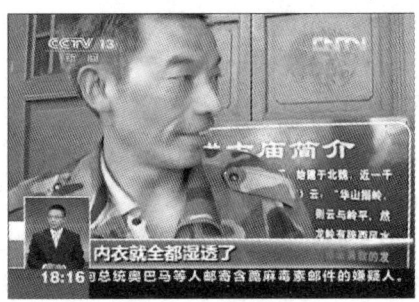

图4-5　《陕西华山：独臂挑夫负重120斤华山行》的场景

新闻采访的提问方法有很多种，因人而异，这里只能抛砖引玉，概括最常用的几种提问方法。

（1）零知晓。在一些突发新闻的现场，记者对于事件的具体经过不了解，只有通过采访来获取新闻事件的信息。在这种采访中，记者要从新闻的六要素（5W1H）来获取信息，最后还原事件的经过。这种从零开始的采访方法在消息类报道中经常使用，也是记者要掌握的最基本的专业素养。

（2）直奔主题。这种提问的特点就是直截了当地提出问题，一般在记者已经知道事件的来龙去脉和大致背景情况后使用。记者要直接问到最核心的问题，让被采访者知道你已经了解情况。这种方法除了用于采访新闻亲历者，还适用于采访政府领导、权威专家等新闻事件的评述者。

（3）启发式。在遇到不善于表达的采访对象时，为了引导他讲出事情的真相，在采访时不直接提出核心问题，而是从侧面引导，通过其他话题引入正题。在谈话前，尽可能地了解对方的性格特点，从一些双方都熟悉和关心的事情谈起，营造一个适合交谈的"场"。这种办法适用于采访对象不肯谈、不善谈，而且见了记者就拘束的情况。

（4）点穴式。点穴式也叫激将法，这种提问最大的特点就是让被采访者无法逃避，必须做出回答。有的采访对象在面对记者的提问时，由于种种原因不愿意回答，或者只是说一些不痛不痒、言不由衷的话。在这种情况下，记者就要适当采用激将法，用比较尖锐的问题激发对方，促使被采访者不得不开口。

中央电视台《焦点访谈》栏目的记者再军于2000年采访湘鄂渝系列持枪抢劫杀人犯张君。刚开始张君拒绝回答他的提问，后来再军用了激将法。最后张君在镜头前彻底崩溃，痛哭流涕，说了内心很多的真实想法，说到动情处甚至两次抽自己耳光。

今年34岁的张君，看上去比他的实际年龄要大3~5岁。最初坐在离他不到两尺的对面，我的第一个反应是：怎么防着他伸手过来掐住我的脖子，而把我当作人质。好在重庆看守所早已重兵守卫，我采访时，他的周围或站或坐有五六个武警。在坐定后的半分钟，我初步打消了这种恐惧。我发现，他很少与我对视，不知道是"邪不压正"还是我当时的面孔比张君看上去还吓人。

采访犯罪嫌疑人，一个要命的尺度是尽量避免让他在话筒前、镜头前趾高气扬，张君尤其如此。他的凶狠残暴，他的杀人如麻早已被各类媒体炒得沸沸扬扬。

"我知道你不怕死。"张君显然没想到我的这样一句开场白，他半晌无语。

"你叫什么名字？你们从哪里来？不告诉我，我当然拒绝回答你的问题。"我也显然没有想到他有这样的回应。从这点上说，他比我们采访过的很多贪官污吏更会行使自己的权利。

"我可以告诉你，我们从北京来，想给你一个说清楚自己的机会。"为了不燃起他更强烈的自我表现欲望，我故意收起了台标，让他搞不懂我们的身份。

"我肚子疼，送我回监号！"他显然耍赖。

"你不是凡事都敢做敢当吗？你不是什么都不怕吗？怎么什么都还没开始，就装起熊来了？！"这种激将，或许是最后一招儿。

沉默。

"我知道你不怕死，我知道你不怕枪口，我也知道你并不怕警察，但是我知道你怕一样东西……"

"是什么？"张君有些吃惊。

"想知道吗？"我说，"你怕别人对你好。"

沉默。

"你给自己女儿起得名字挺好听的,叫旋如。怎么想到这两个字?"我故意提到了他和涪陵的情妇生的那个小女孩。

"你有多长时间没有见到你在湖南的两个儿子了?"挺俗的问题,但是张君也绝非不俗之人,几句话下来,他已经习惯回答我的这些问题了。

于是,他谈到了"陈乐(常德的一位坐台小姐,为张君藏了至少十几支各种枪)是我喜欢的女人,她对我那么好"。

于是,他谈到了"我对不起在老家的妻子,她为我养了两个儿子"。

于是,他谈到了"我不神,但应该算是初步的智能化犯罪"。

于是,他还谈到了"像我这样的人都被抓到了,中国警察还是有能力破案的"。

于是,他滔滔不绝说了一个多小时。

在谈到对不起这对不起那的时候,竟然还使劲抽了自己两耳光——至此,我觉得他无论如何不会掐我了,相信他好像要扑到我怀里大哭一场似的。

不是我高明,而是正义的力量太强大了,他心理完全崩溃,只不过我给了他一个发泄的机会。废了,张君,我想。

"同志,当然我现在没资格叫你同志,不过,我还想向你提个要求。"摄像刘庆生已经开始收拾设备,张君突然又对我说。

"什么事儿,谈吧。"

"能不能让我再跟陈乐说几句话,你们带给她。"

于是,又是一副以头跄(抢)地般痛心疾首的儿女情长。①

(5) 明知故问。在新闻采访中,有些信息记者其实已经知道了,但他还是要提出问题,这就是明知故问。明知故问的采访最大的特点就是让被采访者说出事情的真实情况,通过事件亲历者的口说出的信息比记者的陈述更有说服力。这种采访方法能增强新闻的真实性,通过被采访者更好地还原事发现场的情况,提高受众对新闻事件的信服度。

(6) 迂回法。在采访中遇到困难或障碍,被采访者不愿意回答或表达不清楚时,记者放弃正面提问,从侧面或反面提出问题,最后再回到开始的问题,即迂回采访。这种采访方法能分散被采访者的注意力,让其失去戒备心理,同时还能从另一个角度引导被采访者叙述某一个问题。

---

① 《大案采访札记之二(再军)》, http://news.cntv.cn/program/jiaodianfangtan/20100401/106180.shtml, 2010-04-01。

(7) 引用法。指记者在采访中转述或引用别人的话来提问的采访方法。用引用法提问容易引起被采访者回答的兴趣，他们可能会乐于表达对他人言论的观点和看法。

(8) 钓鱼法。指记者在采访过程中，先提出一个问题，但不急于让被采访者回答，在后面合适的机会突然再问这个问题。这种"钓鱼"式提问适用于被采访者没有戒备心、调整好回答问题的状态、有讲述的欲望等情况。

(9) 沉默法。指记者在被采访者说完一段话后保持一段时间的沉默，故意营造一种冷场效果，留下一段谈话空白，给被采访者思考的时间，令其产生"是我说的不够完整吗？""还有什么没说的内容吗？"等想法，如此一来，被采访者就会绞尽脑汁补充信息，让采访内容更丰富。

(10) 示弱法。采访是一门交流的艺术，记者在与被采访者交流的过程中不能咄咄逼人，遇到情绪激动的采访者要适当示弱，让其心理情绪得到宣泄后再讲出自己的看法。这种采访方法适用于被采访者性格暴躁、容易激动的情况。

2. 倾听法

倾听是记者采访中常用的方法。每一个新闻记者在采访中都要做一个善于倾听的人，做到"真听、善听、会听"，具体来说，要注意以下：

(1) 只有认真倾听，才能让被采访者感觉对方对自己说话内容的重视，才有继续说下去的欲望；只有认真倾听，才能分辨出哪些是实话，哪些是和采访有关的内容，哪些是观众想听的，才能听出话语中的弦外之音，才能结合所听到的内容思考该怎么提问，才能选择好精准的时机提问，在不动声色之间让各种各样的采访者说出心里话。

(2) 记者要掌握好听的技巧。在采访中要听关于事件的全面介绍，了解事件的来龙去脉；要听突出的问题，新鲜的观点，具有普遍意义的经验或生动感人的事迹；要听典型的事例，事件只要典型、感人，就能激起受众的兴趣；要听细节过程，用细节来感动受众；要听分歧意见。俗话说"兼听则明，偏信则暗"，听分歧意见，有利于记者发现新线索，挖掘新的新闻事实。

3. 观察法

世界著名肖像摄影家尤素福·卡什被誉为"摄影界的伦勃朗"，他曾说："人物内在的思想、精神和灵魂，有时会在一瞬间通过他的眼睛、双手和体态表现出来——这就是需要紧紧抓住的、稍纵即逝的最重要的瞬间。"对于新闻采访来说，记者不仅要善于观察现场，捕捉一些细节信息，同时还要善于观察被采访者的情绪和状态，抓住被采访者情感变化的瞬间，为采访提供新的方向和切入点。

中央电视台《焦点访谈》栏目记者敬一丹有一次到少管所采访,当少年犯被民警带过来时,敬一丹发现这个少年犯衣服的一粒扣子和其他扣子有些不一样,是用红线来缝的。在采访开始前,她问这个少年犯为什么用红线来缝扣子。听了她的问话,少年犯的眼神不是那么有敌意了,因为这句充满母爱温情的话触动了他,于是就有了一次成功的采访:

去监狱采访,敬一丹设想着,对犯人,气氛得冷俊(峻)点儿。失足少年带进来了,她开口第一句:"你这扣子怎么是红线缝的呀?在家谁给你缝?你妈来过吗?"

敬一丹称呼他时特意去掉了姓,好像在叫人家小名,说话时把手搭在他的肩上。摄像事后对敬一丹说,你跟那个少年犯说话,怎么像孩子的大姨似的?

"是啊,在我眼里他首先是一个少年,然后才是'犯'。"敬一丹回忆。①

4. 记录法

记录是记者采访必不可少的环节,如果只采访而不记录后果是不可想象的。记者采访做记录,主要有笔记、心记和录音三种方式。

(1)笔记。指记者采访时将所见所闻的材料通过手中的笔记录在采访本上。记者从介入某一个新闻题材之初就要开始记录。笔记的内容包括记者自己的心得体会、有特点的东西、精彩的或重要的谈话内容,还可以记录一些容易混淆和遗忘的内容。在访谈时可以只记关键内容,这样不会影响访谈效果,采访结束后要追记,把谈话较详细的内容补充完整。

(2)心记。指记者在采访时将所见所闻的现场信息记在心中,在采访结束后再用笔记补充完整。心记用于简单采访或不方便用笔记录的情况,如普通采访、闲谈、采访对象不愿接受采访、隐性采访等。

(3)录音。指在采访时用录音机或者录音笔等录音设备来记录访谈内容。对一些重要人物或事件、敏感事件等进行采访常用这种方法。录音采访的优势在于记录真实、准确,记者有充分的时间来倾听、观察和思考。同时,录音采访的内容还可以作为资料和证据使用。

---

① 《新闻当事人 专访敬一丹:谢幕央视 忆〈焦点访谈〉黄金时代》,http://news.sohu.com/s2015/newsmaker331/index.shtml,2015-05-05。

二、特殊性采访

（一）体验式采访

体验式采访又叫"亲历采访"或"角色采访"，是记者依照采访对象的职业、身份、地位和生存状态等，亲身参与跟其相同的或相近的工作活动，直接观察对方所处环境，验证对方的身心感受。①

在体验式采访中，记者直接投入所要报道的新闻事件中去体验生活，更易于获得新闻报道最鲜活的第一手资料，获取通过其他采访方式无法得到的材料。体验式采访让记者"接地气"，让新闻素材"有生气"，让新闻报道"冒热气"。

新华社原社长郭超人在新华社西藏分社工作期间，先后在1960年和1964年两次跟随中国登山队攀登珠穆朗玛峰和希夏邦玛峰，进行体验式采访，写下了《红旗插上珠穆朗玛峰》《希夏邦玛峰征服记》等长篇通讯，成为中国新闻史上著名的记者，也以最高登抵珠穆朗玛峰海拔6600米的高度成为世界新闻史上登高海拔最高的记者。郭超人的这种行动彰显了中国新闻记者不畏艰难险阻、深入一线的职业精神。

1. 体验式采访更容易获知事件真相

体验式采访能让记者切实深入基层，全面、客观地了解群众生产、生活的真实情况。体验式采访要把记者的亲身参与和客观观察相结合。

中央电视台新闻频道2011年9月17日至23日连续播出的《走基层·皮里村蹲点日记》获得第二十二届中国新闻奖电视系列一等奖，该节目讲述了记者跟随新疆喀什塔什库尔干塔吉克自治县马尔洋乡的乡干部跋山涉水到县里最偏远的皮里村接孩子们到县城上学的故事，节目播出后在全国各地引起强烈反响，成为新闻战线"走转改"的典型报道。央视评论员杨禹认为"新闻人需要重拾'两脚泥'的好传统。要真诚面对一个真实的中国，只有走进群众真实生活，才能去感受他们的所思所想；只有去了解他们的生活状态，才能真正地理解和把握群众的诉求"②。经过央视报道后，社会各界都伸出援助之手，帮助皮里村的孩子们上学。国家出资修路，改善当地交通状况。2014年7月15日，皮里村通往县城的道路全线通车，村民们可以直接从皮里村坐车到塔县县

---

① 张丽：《如何做好体验式采访》，载于《活力》，2021年第2期，第35页。
② 《真诚面对最真实的中国——〈走基层·皮里村蹲点日记〉有感（转载）》，http://blog.sina.com.cn/s/blog_621fccf20100yxck.html，2011-10-03。

城，原本两天的路程，现在只需四个小时。当地政府出资为村民们筹建了安全房，人们从山洪高发地带搬到山下近村口的安全区域生活，皮里村的孩子们的上学路不再艰难。（如图4-6、图4-7）

图4-6　《走基层·皮里村蹲点日记》中的画面（一）

图4-7　《走基层·皮里村蹲点日记》中的画面（二）

2. 体验式采访让新闻报道更鲜活

在体验式采访中，记者融入现场，细致观察，与一线人员深入交流，了解他们内心的真实想法，用他们的视角感受新闻事件，让报道更生动、更鲜活。2016年7月至8月，《人民日报》科技视野版开辟《我在科技一线》专栏，推出了六篇体验式报道。记者们到科技一线进行体验式采访，到四川深山参与地震观测，到青藏高原见证中科院考察队员寻找化石，在北京郊区体验现代养猪，还到都江堰给大熊猫当"保姆"。这些鲜活的报道生动再现了我国科技工作者无私奉献、忠于职守的爱国情操和敬业精神。（如图4-8）

亲眼目睹，亲身体验，感动自己才能感动他人。在《我在青藏高原找化石》一文里，记者跟随中科院古脊椎所的考察队员，踩着约两只脚宽的路上山，"双手扒着土层向前挪行"。这些艰苦甚至危险，唯有记者身临其境，才能感受，才能发现，才能自然而然地让笔下流淌真情，写出有温度的好报道，从而大大增强读者对科技工作者的敬佩之情。①

图 4-8 《人民日报》报道《我当地震观测员》的版面

3. 体验式采访让新闻报道更接地气

2011 年,我国新闻领域开展了"走基层、转作风、改文风"的活动,目的是推动新闻宣传战线落实新闻工作的群众观点和群众路线,使新闻报道能够与基层人民的生活紧密结合起来。新闻记者们只有深入基层,才能将社会发展的真实面貌展现出来,创作出高品质、有思想的作品。体验式采访的精髓就是让记者深入新闻现场,落实"走转改",这样可以有效地治理新媒体环境下新闻报道出现的乱象,保障新闻内容真实可靠。

在这一背景下,中央电视台推出了"新春走基层"活动,把视角转向普通百姓和家庭的平常故事,通过捕捉和呈现鲜活的个体故事,让报道更接地气,更有感染力。央视《新闻联播》2019 年 2 月 8 日播出的《新春走基层:北京城的"地下工作者"》②,真实记录了首都下水道养护工人的工作和生活状态。

---

① 苏长虹:《难能可贵的体验式报道——评"我在科技一线"专栏》,http://media.people.com.cn/n1/2016/1014/c192371-28779786.html,2016-10-14。

② 《新春走基层:北京城的"地下工作者"》,http://tv.cctv.com/2019/02/08/VIDEJ4xjMKnHcoUCZznPxKiI190208.shtml?spm=C31267.PFsKSaKh6QQC.S71105.22,2019-02-08。

记者和下水道养护工人王志海一起进入管道跟拍采访，真实体验下水道养护工人的工作环境和工作状态：他们出行在深夜，工作在井下，常年和污水、淤泥、垃圾打交道，而他们的工作和我们密切相关。记者的体验式报道，真实反映出下水道养护工作的艰辛，同时也向全社会弘扬了劳动者的奉献精神，让报道具有感染力与亲和力。（如图4-9）

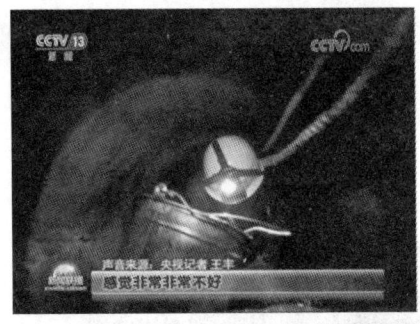 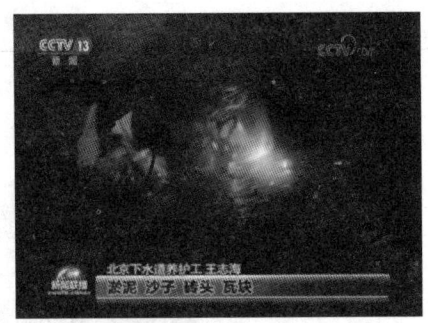

图4-9 《新春走基层：北京城的"地下工作者"》画面

4. 体验式采访能增强"四力"，强化记者责任担当

2018年8月21日全国宣传思想工作会议上，习近平总书记强调增强"四力"："宣传思想干部要不断掌握新知识、熟悉新领域、开拓新视野，增强本领能力，加强调查研究，不断增强脚力、眼力、脑力、笔力，努力打造一支政治过硬、本领高强、求实创新、能打胜仗的宣传思想工作队伍。"[①] 新华社原社长郭超人也讲过："记者是在新闻实践中磨砺出来的。新闻无处不在，但需要你迈开双腿，到产生新闻的第一现场去发现、去感受、去采访；需要你带着眼睛去观察，带着耳朵去倾听，带着嘴巴去询问，带着思考去求证，带着真诚去记录，带着责任去传播。"

在体验式采访中，记者下沉到基层，深入现场进行周密扎实的采访，这是增强"脚力"的有力体现；参与到采访对象的生活实践中，用眼睛观察，发掘感人素材，让报道更有真情，这是增强"眼力"的体现；体现报道的深度和价值，这是增强"脑力"的表现；用笔记录新时代的新变化，让报道接地气，这是增强"笔力"的体现。体验式采访在增强记者"四力"的同时，也强化了记者的责任和担当。

（二）隐性采访

隐性采访又叫"暗访"，是指记者不公开身份，在采访对象未知的情况下

---

① 《习近平出席全国宣传思想工作会议并发表重要讲话》，http://military.cnr.cn/zgjq/gcdt/20180823/t20180823 54339916_1.html，2018-08-23。

通过特殊手段获得新闻素材的采访方式。在某些特殊情况下，拟采访对象不对记者讲真话，甚至设置种种障碍来阻碍记者采访。在这种情况下，就得用隐性采访才能获取真实的信息。

19世纪80年代，美国《世界报》记者伊丽莎白·科克伦假扮成一名精神病患者进入纽约一家精神病院，了解到该院长期虐待精神病患者的许多内幕。后来，她逃了出来，将了解到的内幕公之于世，引起社会舆论很大震动。政府不得不对该院进行整顿，从而使精神病患者的待遇有所改善。

在中国新闻史上最早进行隐性采访的是《大公报》特约记者范长江。为了了解日军入侵的动向，他化装成一名公司职员，于1936年8月至10月孤身前往内蒙古额济纳旗考察，次年发表了题为《忆西蒙》的长篇纪行报道。范长江此次西行揭露了日本侵略势力入侵中国西北边疆地区的危急实况，特别是揭露了日本间谍分子在额济纳旗的猖獗活动，最终促使国民政府下决心一举铲除了额济纳旗的日特机关。

近些年来，隐性采访在调查性新闻报道中得到大量运用，主要用来揭露社会阴暗面，履行新闻媒体守望社会、监督舆论的重要职能。中央电视台《焦点访谈》栏目1997年11月25日播出了记者再军通过隐性采访拍摄制作的反映309国道山西段交通民警乱罚款事件的《"罚"要依法》，给观众留下了极其深刻的印象。节目播出后引起强烈反响，时任国务院总理朱镕基看到报道后亲自批示，要求严查公路乱收费的行为，使公路乱收费现象得到遏制。

1998年10月8日朱总理到中央电视台视察时见到再军时仍念念不忘地说："再军，你知道吗，你的一个节目促使我的一个政策出台。"总理非常兴奋地从座位上站起来，模仿着节目中的道白："老总啊，能不能少罚点？不行，四十！"是（使）当时在场的人都大笑起来。①

1. 隐性采访的积极作用

（1）揭露社会黑暗面，发挥舆论监督作用。我国新闻媒体是党和政府的喉舌，代表党和人民发声，自觉维护党和人民的利益，维护社会公平正义。隐性采访多用于揭露社会阴暗、虚假的一面，这些丑恶行径对社会稳定造成了极大的伤害。这些危害社会的人当然不愿意事件曝光，这时就需要媒体行使舆论监督职能，采用隐性采访的方式挖掘事件背后的真相并公之于众。除此之外，我

---

① 《坚韧地执守 记中央电视台〈焦点访谈〉制片人再军》，http://edu.sina.com.cn/l/2011-06-09/1711203483.shtml,2011-06-05。

国当今的社会主义民主法治建设也需要公权力在阳光下运行,公平也是社会主义核心价值观中社会层面的价值取向。因此,隐性采访十分必要,特别是在揭露官员腐败、企业违法、黑社会犯罪等方面,受众关注度很高,既产生了良好的新闻效果,又实现了有效的舆论监督,维护了社会公平正义。除此之外,隐性采访报道出来的内容还可以督促有关部门的工作。2011年3月15日,央视新闻频道《每周质量报告》栏目播出了《揭秘"健美猪"真相》[①]的报道(如图4-10),揭露了河南孟州、沁阳、温县等地一些养猪场非法使用"瘦肉精"喂猪,而这种"健美猪"部分被卖到了知名企业"双汇"旗下的济源双汇食品有限公司来生产火腿。该报道的现场都是栏目记者化装成收猪的商户通过秘拍设备拍摄的,画面真实反映了养猪户往猪饲料里放瘦肉精的整个过程,具有高度的真实性和说服力。

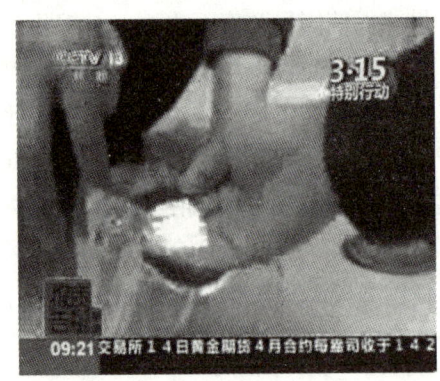

图4-10 《揭秘"健美猪"真相》画面

(2)增强可信性和表现力。新闻的真实性要求媒体在做新闻报道时要依据事实反映客观事物的本来面貌。隐性采访往往能获得更加真实的新闻素材,从而增强报道的可信性。同时亲身经历的感受往往是最强烈的。记者排除了显性采访过程中所遭遇的各种干扰,目睹或亲历事件发生的过程,由此所形成的感受也最为强烈,最终形成的报道也最为深刻。

(3)提升媒体竞争力。隐性采访获得的多是第一手的新闻材料。通过隐性采访获得的排他性素材所写成的报道,可以更好地吸引受众的注意力,引发受众阅读兴趣。除此之外,隐形采访具有主动出击和记者必须在现场的特点,促使记者深入基层、深入群众,主动寻找新闻线索,到新闻现场去挖掘重要事

---

① 《揭秘"健美猪"真相》,http://tv.cntv.cn/video/C10354/a3747baa3c5643c2a6b7f85e8c0429ca,2011-03-15。

实，从而大大提升了媒体的竞争力。

2. 隐性采访的负面作用

（1）容易造成对被采访者隐私权的侵犯，不合理地闯入他人的私人生活。"私人生活"的内容涵盖隐私权客体的全部，包括他人不愿或不便为人所知的个人信息，不愿或不便被人干涉的私人活动，以及不愿或不便被人侵入的个人领域。"闯入"包括知悉、干涉、侵入三种形态。

不合理地公开他人的私人生活。如果被公开的事实对一个理性人来说是极具冒犯性的，而且也不属于公众正当关注的问题，采访者就要承担不合理的公开他人私人生活事实的责任。隐性采访虽然极易侵犯采访对象的隐私权，但是在隐性采访的过程中，如果存在抗辩事由，也可以排除隐性采访的违法性。学理上，对于公众人物进行隐性采访，如果涉及以下内容，可作为抗辩事由：政府官员的私人财产和家庭成员有关信息；公众人物特别是政府官员、文体明星私生活中的不良行为；国家工作人员的渎职行为；正当报道知名人士与社会公共利益有关的社会活动或家庭活动。

（2）容易形成与公共利益、公共秩序之间的冲突。其一，与政府机构、商业机构秘密的冲突。在我国现行的法律框架内，《保守国家秘密法》《统计法》《军事设施保护法》等专门法规中都不同程度地规定了隐性采访的禁区。如《保守国家秘密法》规定："新闻出版、电影电视节目制作和传播不得进入军事禁区摄影、摄像、录音、勘察、测量、描绘和记述。"我国《民事诉讼法》规定："涉及商业秘密案件，当事人申请不公开审理的可以不公开审理。"新闻媒体也不能报道。另外，人民法院依照法律规定独立行使审判权，任何机关团体和个人不得干涉，新闻媒体也不例外，记者不得以暗访的方式干预和影响司法审判，对未审结的案件采访后一般也不能先行评论报道。

其二，与司法、警察调查权力的冲突。《国家安全法》明文规定："任何个人和组织都不得非法持有、使用窃听、窃照等专用间谍器材。"《刑法》还规定了"非法使用窃听、窃照专用器材罪"。在这些方面，新闻记者绝对不享有特权。尤其现代社会科技高速发展，记者采用的摄录器具也越来越先进，也就越来越容易触犯国家的法律。新闻从业者对相关法律法规应有清晰明确的认识。

（3）容易导致导演虚假报道，违背职业道德，造成违法行为。在隐性采访中，一些记者往往急功近利，为了夺取受众眼球，不惜导演"客观事实"，导致新闻严重失真，这不仅是对受众最大的欺骗，会造成媒体公信力的下降，还会有触犯法律的危险。社会舆论需要监督，但记者必须出于公心和良心来监督,监督的出发点应该具有建设性,这也是媒体的社会责任。如果媒体记者盲目追求"卖点",故意策划新闻事件,最终将丧失公信力。中国新闻社杭州分社"茶水发炎"事件和北京电视台"纸馅包子"就是两个典型的虚假报道案例。

"茶水发炎"事件:2007年3月19日,中国新闻社杭州分社的记者发表文章《记者用茶水冒充尿液送检 医院化验结论称发炎》,称记者假扮患者用茶水冒充尿液送去医院检验。在10家医院中,2家民营医院和2家省级医院没有检出白细胞,另外6家医院不同程度地检测出白细胞和红细胞。"茶水发炎"新闻一经报道,引起了广泛的社会反响,不少媒体的报道和网友的评论都将矛头直指医院,发出"是"茶水发炎还是"医院发炎"的质问。卫生部于4月10日就此事作出回应,指出根据专业检测证明,"茶水发炎"属于正常现象,医院并无过错,并指责策划此条新闻的记者有悖记者职业道德,不利于维持正常医疗秩序和构建和谐医患关系。这一事件引发了关于记者新闻职业道德问题的讨论。①

"纸馅包子"事件:"纸馅包子"是发生在2007年6月的一起北京电视台生活频道工作人员捏造新闻的事件。② 北京电视台生活频道《透明度》栏目原记者訾北佳,为了谋取工作业绩,化名"胡月",到北京市朝阳区太阳宫乡十字口村13号院内,对制作早餐的陕西省来京人员卫全峰等四人谎称需定购大量包子,要求卫全峰等人为其加工制作。随后訾北佳携带秘拍设备、纸箱和自己购买的面粉、肉馅等材料再次来到十字口村13号院,以喂狗为由,要求卫全峰等人将浸泡后的纸箱板剁碎掺入肉馅,制作了20余个"纸箱馅包子"。訾北佳用秘拍设备拍摄了卫全峰等人制作"纸馅包子"的过程。訾北佳利用这些虚假素材,采用剪辑画面、虚假配音等方法,制作了一期名为《纸做的包子》的节目(如图4—11),于2007年7月8日在北京电视台生活频道《透明度》栏目播出,造成了恶劣影响。2007年8月12日北京市第二中级人民法院依法公开开庭审理了訾北佳涉嫌损害商品声誉案。訾北佳因犯损害商品声誉罪,被一审判处有期徒刑1年,并处罚金1000元。

---

① 参见 https://baike.baidu.com/item/"茶水发炎"事件/22495833?fr=aladdin。
② 参见 https://baike.baidu.com/item/纸馅包子/5929500?fr=aladdin。

图4—11 《纸做的包子》中的画面

3. 隐性采访过程中遵循的基本原则

（1）客观真实原则。真实是新闻的生命，记者在采访中要做到用事实说话，减少个人感情对新闻报道所造成的偏差。隐性采访多用于批评报道，记者在采访和报道写作的过程中尤其要坚持客观真实原则，把握好报道尺度，不能带有偏见，更不能故意设置圈套，造成新闻报道失实，引发错误的舆论导向。

（2）遵守法律法规。隐性采访不得涉及国家机密、个人隐私、军事机密等。同时，在进行隐性采访时，要严格遵守有关未成年人保护的法律法规，保护未成年人的合法权益。

（3）维护社会公共利益。维护社会公共利益原则是新闻记者和新闻媒体必须遵守的基本原则。中国共产党领导下的新闻媒体作为党和人民的喉舌，必须维护社会公平正义，维护社会公共利益。

（4）遵守新闻伦理道德。记者在隐性采访时要遵守新闻伦理道德，不能为了获得轰动效应不择手段地进行隐性采访，欺骗与事件无关人士感情。那些为了获取新闻素材不择手段、有违新闻伦理和道德操守的行为，必将受到公众的谴责和法律的制裁。

第四节　采访的方式

新闻采访是新闻写作的基础。记者通过采访获得素材，回来后整理、写作、完稿、发表。不采访，写作就成了无米之炊，即使写出文章，也是空对空的天方夜谭。因此，新闻工作者必须充分理解采访的内涵，掌握采访的各种方式，提高采访的本领，为写作收集丰富的资料。

一、个别采访

个别采访是"一对一""面对面"的采访方式。记者要预先准备好采访提纲，一个问题接着一个问题发问。无论是录音记录还是用笔记录，都要求完整记录回答内容，以便回去后整理。"一对一"采访的好处是可以问得比较深、比较透，倾听得比较仔细、全面，有时还可以追问，问那些临时想起的、采访提纲上没有的问题，记者的主动权比较大。在采访中，记者应当主动与采访对象建立起良好的关系，让他说出"心里话"。

"人物专访"基本上是采取这个方式进行的。记者在选择好采访对象后，一是必须到现场，二是必须近距离接触，三是要问新事、问近况。这样，写出来的稿件才能有新闻性、可读性。

二、新闻发布会采访

新闻发布会（News Release Conference）是政府或某个社会组织定期、不定期或临时举办的信息和新闻发布活动，直接向新闻界发布政府政策或组织信息，解释政府或组织的重大政策和事件。新闻发布会是社会组织在发生重大的具有积极影响的事情时，向新闻界公布信息，借助新闻提升该组织或者与该组织密切相关人事的形象的会议。①

新闻发布会往往采取新闻发言人先发言，然后记者进行提问的方式进行。关键是记者能否在新闻发布会上得到提问的机会。记者在参加新闻发布会之前应当准备几个有针对性、目的性的问题。新闻发布会上的提问，代表记者本人以及所在媒体的业务水准。到了会议提问环节，记者要大胆举手，大胆提问，这样更容易获得自身媒体的独家信息，在刊登报道时，会有与众不同的面貌。

三、召开座谈会采访

座谈会采访也是"面对面"的采访。与个别采访不同的是，座谈会采访是"一对多"的访谈形式。参加座谈会的人应当有代表性，发言可各有侧重。在座谈会上，还可以就一些问题展开讨论，达成共识。一个座谈会只有一个主题，不要把几个不相关的主题放在一起讨论。记者在座谈会上要有互动亲和能

---

① 参见 https://baike.baidu.com/item/新闻发布会/10939712?fr=aladdin。

力，使参会者很快进入状态。记者在会议过程中，要控制好节奏，在规定的时间内完成既定访谈任务，同时还要具备较强的提问和倾听能力，通过座谈挖掘问题的本质和核心。

四、蹲点调研采访

蹲点调研采访要求记者到新闻发生第一线停留一段时间，对某一个问题进行调查研究采访。记者在调研中要从社会热点和受众关心的问题入手，层层挖掘，层层剖析。用这种方法写出的报道比较有深度，影响力较大。

《人民日报》2013年7月23日发表了由福建分社赵鹏采写的《驻村三日》[①]，就是记者深入福建福安市驻村三日开展基层调查，听农民吐心声，与干部聊出路，和返乡创业大学生探未来，走访了13个村后写成的通讯。这篇通讯回答了"当下农村是个啥状态？""未来农村建设、农业发展、农民增收的希望在哪里？"等问题，取得良好的社会效果。

五、大会采访

大会采访是对重大会议活动或者典型报道的采访。对于各种重要会议的采访，记者必须要先有策划选题的准备。要全程参加大会，不要蜻蜓点水式地报个到就算到会了。除了参加大会、听报告、看文件、领会会议精神以便写稿，还应当再写一些会议的独家新闻、专访或会议花絮。参会的记者必须见缝插针，利用会议开始前、中间休息时、会议后完成对会议代表的采访。会议新闻不能只满足于编简报，应当向与会代表提一些读者关心的质量较高的问题，让会议新闻出新、出彩。每年的全国两会都会聚集大批国内外的优秀记者到北京来采访。

六、问卷调查采访

问卷调查采访可以在网上进行，也可以通过电话、邮寄的方式进行。问卷调查采访是国内外社会调查较为广泛使用的一种方法。它的主要优点在于标准化，便于统计。答题可用打钩形式，也可用填写文字形式。在设计调查问卷时，内容要具体，不要提抽象、笼统的问题，表述的语言要简明扼要，不要使用陌生的语言，不要使用模棱两可、含混不清或容易产生歧义的语言或概念。

---

① 《驻村三日（走转改·一线调查）》，http://www.people.com.cn/24hour/n/2013/0723/c25408-22285751.html,2013—07—23。

对收回的问卷要做认真统计，归纳整理，找出带规律性的意见与结论。

八、电话采访

电话采访是在某些特殊情况下不能当面采访被采访者时，用电话进行采访的方法。一般情况下，强调记者要深入现场采访报道，但并不排斥在某些特殊情况下用电话采访。当然，在进行电话采访的同时，也要杜绝能深入现场却不去现场的"衙门式采访"。在做电话采访前要做好准备工作，拟定要提的问题。问题要简明扼要，以便对方理解，易于答复。采访时要注意礼貌谈吐，对获得的信息要认真核实，以确保新闻的真实性。采访结束后要核实采访中涉及的人名、地名、职务等信息。

思考和练习

1. 在媒体融合时代，内容的生产有哪几种形式？
2. 进行一般性采访要注意哪些方面的问题？
3. 结合一个案例谈谈进行隐性采访的注意事项。

第五章 融媒体新闻的采访实践

目前我国正处在媒体融合向纵深发展的阶段,推进媒体深度融合是我国"十四五"规划对新闻媒体的部署和要求,这促使各类新闻媒体机构重新审视自己的定位,探索改革发展之路。我国的媒体融合经历了三网融合、互联网与传统媒体融合和媒体深度融合阶段,实现了从技术融合到产业融合,再到内容融合的发展路径,媒体深度融合未来要走的路还很长。在目前的媒体融合背景下,融媒体采访的呈现方式分为临场化新闻、短视频新闻、地图新闻、互动新闻和数据新闻。

第一节 融媒体时代的新闻采访

一、融媒体新闻采访报道的特征

"融媒体"概念是从多媒体、全媒体一步步发展过来的,与上一层级的"全媒体"概念相比,"融媒体"概念已经表现出了明显的先进性,而且与新闻事业发展的现实高度匹配。随着科技的发展和移动互联网的普及,大众媒体的专业界限变得非常模糊,原来精细分工的传统媒体传播者分工已经无法满足融合环境下报道的需要,由此催生了一批能同时胜任文字、图片、视频甚至编程工作的"融合记者""背包记者""全能记者"。融媒体采访跨越多种媒介平台的趋势已不可阻挡。

通过融媒体采访进行融合报道,已经是当今各大媒体的主要报道形式。所谓融合报道,是指利用数字移动通信技术和互联网信息平台,综合运用不同介质的传播形式、技术方法、报道体裁和叙事方式开展的整合式新闻传播的新方式。融合报道和传统新闻报道的区别就在于前者是新媒体和传统媒体的融合。

移动互联网的普及使融合报道的新闻在移动端首发，用户可以利用移动通信工具传输和接收新闻信息参与报道。便携式的、小型移动互联网传播设备（手机、平板电脑等）被普遍应用到融合报道中。一般来说，融合报道具有以下几个典型特征。

（一）以数字移动通信技术的应用为基础

数字移动通信技术作为融合报道的基础技术，使"融合报道"具有"移动传播"的基本特征。"移动"的特征在信息传输、信息接收、信息反馈、主体互动等各个方面都有体现，还由此产生了"移动端首发"和"移动直播"等新闻内容生产和传播新现象。

（二）以互联网信息平台为依托

融合报道是建立在互联网信息平台之上的一种全新的新闻传播方式。伴随互联网发展而产生的云计算、大数据分析等新技术，使得"融合报道"在新闻背景资料挖掘和呈现方面更加精准深入，给予了融合报道有力的技术支持。与此同时，互联网信息平台也进一步拓宽了融合报道的生产、销售、流通、反馈渠道。

（三）将差异化媒体传播方式融合作为标准

融合报道整合不同媒体的传播方式和方法，将文字、音频、视频、图片、动漫、H5、动图、数字地形模型、VR、AI等技术融为一体，交替或整合运用，使产品呈现出丰富的界面效果。这是区别融合报道和传统新闻报道最明显的标志。

（四）以新闻生产模式创新为手段，以社交媒体和自媒体报道为主要内容

融合报道是一种崭新的新闻生产模式。这个新模式除了体现在新闻生产的组织形式、生产机制、流通渠道和效益评估等方面，更重要的是表现为内容生产上的用户生产（UGC）和专业生产（PGC）相结合的整合式新闻生产模式。

有了移动通信技术和互联网信息平台的赋能和助力，新闻报道的消息来源渠道不断拓宽，题材范围不断扩大，融合传播的效果越来越强。融合报道把社交媒体与自媒体始终放在重要位置，并将其贯穿于生产、传播、接收、反馈、互动的全过程，充分体现融媒体时代信息传播逐渐由大众传播向人际传播转移和回归的趋势。

（五）以在线交流互动，为用户提供新的体验

融合报道通过迭代更新的数字移动通信技术和互联网技术的赋能，让用户

在参与新闻信息的传播和接受过程中，产生了和以往传统媒体时代单向灌输完全不同的使用体验。融合报道的情景化生产所带来的沉浸式、交互式体验方式，是融合报道的典型特征。在移动互联网和社交媒体平台成为主流传播渠道后，各类新闻媒体通过官方微博和微信公众号与用户交流互动，在公共事务中发挥着重要的作用。例如2020年，面对突如其来的新冠肺炎疫情，《人民日报》旗下的新媒体联合全国媒体资源面向全国征集疫情求助信息，人民网"人民好医生"移动客户端在疫情防控阶段成为信息和服务的双重平台，一方面发布权威信息，专业辟谣；另一方面开展物资援助与在线咨询，发挥了积极的作用。

二、融媒体新闻采访的技术形态

媒体融合首先要实现理念革新，重建组织机构和全面优化传统新闻产出流程，在此基础上及时追踪前沿技术和最新动态，并选择适宜自身发展的新技术，不断深化革新。

（一）三网融合技术

三网融合技术主要指的是电信网、广播电视网、互联网在业务应用层面的融合。三网融合技术集各种功能于一体，可以进一步扩展新闻媒体的业务范围，实现新闻资源的互通，达到有效资源共享的目标。

三网融合可以为用户提供语音、数据和广播电视等多种服务，通过物理层面的合一给用户提供更智能化的新闻传递手段。基于三网融合思维开展新闻报道工作，让人们可以在手机端、电视端、电脑端获得新闻信息。三网融合让新闻媒体报道工作向创新化、互动化和个性化方向发展，社会大众的参与性在三网融合中不断提升。

（二）5G、人工智能和区块链技术

5G技术的发展使传播开始朝向低时延、大带宽、广接入的视角发展，尤其是5G技术与融媒体传播平台的结合，将营造新的传播生态环境。5G与4K、8K、超高清视频的结合，将为受众带来更加丰富真实的画面传播。5G与人工智能的结合，将为受众带来观看世界和新闻全新的视角。区块链技术尚处于发展的早期阶段，以后有可能成为驱动媒体融合深化的重要技术力量。

第一，媒体融合的核心是通过内容与用户需求的智能化匹配来重建用户连接，需要构建大数据技术和资源平台、智能生产和传播平台、用户沉淀平台，而大数据和人工智能技术是其中的关键。从实践的角度来看，融媒体平台生产的新闻产品可以满足不同受众群的信息需求，也会根据不同受众群对媒介的使用习惯和信息阅读方式进行新闻产品的生产，而这些生产和制作方式离不开智能技术和数据信息的反馈。因此，融媒体平台内容的生产离不开智能技术的辅助和用户的需求。

第二，5G作为新一代移动通信技术，重在解决数据的传输和无缝衔接问题，将与大数据和人工智能等技术一起打造万物互联的巨型生态系统，通过媒介形态、连接、生产方式、市场规模等方面促进媒体融合。具体来说，一是在媒介形态方面，现有的媒介形态将得到极大提升和优化，激活VR、车联网等潜力大的媒介，创新媒介形态；二是在连接方面，连接呈现指数级增长与极致体验，用户数量还有较大的增量空间，物联网将提供数以百亿计的新连接，虚实结合时代的用户体验会更为极致；三是在生产方式方面，专业生产机构、用户生产（UGC）方式会更加流行，机器自生产内容（MGC）将会大行其道；四是在市场规模方面，市场规模将急剧扩大，基于用户的传媒业市场规模还有较大的空间，VR、车联网等将构建新产业链，产业互联网潜力巨大。

第三，区块链解决数据的存储和保护问题。区块链作为未来可能的社会操作系统，不仅能够进行价值传递，也能够让用户掌控自身数据，更有效地吸引和激发更多参与者。"区块链＋传媒"将彻底重构传媒业，营造范围更广、参与者更多、激励约束更有效、价值观更为公开公正的生态系统，长远来看会重构传媒业的商业模式和盈利模式。由于区块链技术尚处于发展的早期阶段，目前在传媒领域的主要应用集中于版权保护与资产管理、信源认证与内容审核、内容生产与新闻众筹、智能交易与广告效果、舆情分析与舆论环境等领域，应用范围受到很大的制约。

（三）大数据技术

大数据在应用技术方面，主要体现为计算机视觉、机器学习、自然语言处理（NPL）、语音识别等；大数据在内容生产方面，主要体现为新闻机器人、人工智能编辑部、合成主播（虚拟主播）、视频生产等；大数据在内容传播方面，主要体现为基于算法的智能化匹配技术；大数据在传播呈现方面，主要体现为标签与画像等。

（四）融媒体技术

融媒体技术是在整合自媒体基础上出现的新闻报道工作新方式。它基于正在蓬勃发展的自媒体，实现媒体资源的充分整合，将广播、电视、报纸等媒体与新媒体进行资源的深度融通整合。例如，基于新媒体的百度贴吧、博客、微博与微信平台可以和各种传媒媒体品牌进行广泛联系，通过融媒体可以形成一个"你中有我，我中有你，别具特色，各有特长"的报道宣传体系。

融媒体基于各自优势达到 1+1>2 的报道效果。因为融媒体是基于网络发展、数字技术支持、人工智能辅助的新型传播平台，可以实现对舆情信息的智能分析与抓取，广泛搜集信息，做到以用户和服务为基点，推动媒体新闻报道的不断创新。

三、融媒体记者应具备的能力

在信息技术高速发展的今天，媒体生态发生了颠覆性转变，融媒体制作过程中"一次采访、多次制作、多渠道分发"的特点对新闻从业人员的素养和技能提出新的要求，融媒体记者要具备能够胜任多种媒体岗位的能力：写得了文章，扛得了机器，拿得了话筒，剪得了视频，编得了公号……在每年的全国两会报道现场，都能看到一些媒体记者使用全媒体装备进行采访报道，他们提笔就能写文章，拿起话筒就能讲述新闻现场，对着镜头就能说清事实，打开电脑就能编辑发稿。这种全媒体人才是每一个新闻工作者今后努力的方向。除了具备传统媒体时代对新闻记者的要求，融媒体记者还应该具备以下几方面的核心能力。

（一）对信息的整合传播能力

作为一名融媒体记者，要具备较强的整合传播能力，才能够在采访过程中利用所有的资源应对媒介平台的各种变化，从而顺利地完成工作。融媒体记者要在实践中不断提升自己的脚力、眼力、脑力、笔力。此外，还要不断丰富自己的知识储备，主动吸收社会各界知识，广泛涉猎政治、经济、文化、法律等多学科内容，并不断扩大自己的社会交往范围，为自己培养更多的渠道资源，从而获得工作中的更多助力。

（二）掌握和运用多媒体技术的能力

作为融媒体记者要熟练掌握以下技能：会拍（含照片和影像），会写，会说（现场直播连线），会分析点评，善于沟通交流。同时要掌握文字、图片、视频等采编方法。融媒体时代新闻竞争的客观要求和制胜法宝就是快、准、灵，就是现场音频、视频的直播，就是第一时间、第一现场的比拼。不仅如此，融媒体记者还要不断提高新闻敏感与数据挖掘、分析和可视化呈现的能力。这种能力还应体现在乐于、善于协调合作，在模糊彼此界限的过程中，展示头脑风暴和奇思妙想的成果。

（三）对计算机和网络技术的操作能力

作为一名融媒体记者，必须熟练掌握计算机操作技术和基本的网络技术，在工作中熟练利用互联网进行直播报道。在信息时代，几乎任何新闻采访报道工作都离不开电脑、手机的参与，离不开互联网、通信网络的渠道支持。作为一名融媒体记者，要充分利用现代技术，借助大数据技术做好受众群体的数据分析，以数据支撑内容的革新，提升工作质量，积极进行内容创新。同时还要熟练运用虚拟现实、人工智能等技术来提升工作质量，以提升自己在媒体融合时代的核心竞争力。

第二节 融媒体新闻的呈现方式

伴随互联网新闻业的不断发展，融媒体新闻的样态类型也越来越丰富。从新闻的呈现形式来分类，融媒体新闻包括临场化新闻、短视频新闻、地图新闻、互动新闻、数据新闻等。

一、临场化新闻

临场，即进入现场。临场化新闻不仅仅指在视觉上传达了一定现场感的、基于二维画面的新闻，更是作为智媒时代新闻模式，借助虚拟现实（VR）或增强现实（AR）技术创造媒体用户与现场的一种新关系。

目前学界将临场化新闻分为三类：网络视频直播、VR/AR新闻和VR/AR直播。这三类临场化新闻分别融入不同领域的智能科技，在传播样态上各有侧重，让受众形成不同的"临场感"。对国内的临场化新闻技术来说，2016年是一个关键的时间节点，既是"移动直播元年"，也是"VR元年"。一方面，移动直播营造出跨时空的共时语境，搭建了精准个性的社交场景；另一方面，VR技术实现对人体感官的延伸，全方位还原新闻现场，让人类对场景的感知迈向了全新的阶段。

（一）网络视频直播

网络视频直播的发展是基于互联网的兴起，它与传统的电视直播相比，更具有便民化的特征，拥有互联网和电脑或手机就可以实现网络直播。与电视直播相此，网络视频直播的传输速度更快，受众接收与反馈的速度也更快。目前网络视频直播的发展已具有圈群化的特征，其反馈的形式往往是"弹幕"，可以有效地连接不同时空，实现跨地域性的广泛传播。

网络视频直播的发展经历了从图文视频直播到人物视频直播，从专业直播到大众化直播。因为网络视频直播具有成本低、时效性高的特点，所以网络视频直播往往用在突发事件报道中，它可以实现在短时间内实现信息的影响力发挥最大，传播范围最广。伴随着技术的不断丰富和发展，网络视频直播慢慢开始走向小型化、微型化直播，开始出现各种类型的直播平台，如 VR 直播、游戏直播、网购直播、教学直播、才艺直播等。

1. 移动视频直播

　　伴随着 5G 技术的广泛运用，移动终端已经成为受众最普通、最便捷的信息接收工具。移动视频直播，恰恰是借助互联网而进行的网络视频直播，利用手机客户端进行接收，具有便捷化、碎片化、互动化、现场感等特点，可以与受众进行即时互动。

　　移动网络直播融入新闻报道后，最突出的优势在于其可以构建无限接近真实而又多元的动态新闻现场，与受众共享新闻情境并对受众信息进行实时反馈，其在现场调查报道、突发性事件报道、重大主题报道等各种直播报道中表现突出。例如，2019 年两会期间，中央广播电视总台、人民日报社新媒体中心、大河网等多家媒体均利用 5G 通道开展多端口现场直播，传输高清新闻素材。同时，各媒体平台将两会内容与短视频、视频网络日志 Vlog 等移动直播方式结合，让记者手持移动直播设备，以第一人称视角呈现会场实况、记录日常采访经过，实现了为受众多角度呈现两会场景的功能。

　　2019 年 1 月 21 日春运首日，深夜 12 点 14 分，以广州南站为首个场景坐标，新华网对广州、哈尔滨、南昌、西安等多个城市的机场、车站人流场景进行 24 小时的不间断直播，展现各地的"春运热点"。记者走上春运站台，利用智能手机等便携设备进行现场直播，将以往需要延时编辑才能传递给受众的静态场景改造为实时流动的动态场景，满足了受众的实时感知需求。记者在进行视频直播的同时，还会时刻关注与回应受众的提问，进行互动。例如有网友通过手机对记者说"回头，我看到你了"，记者立刻回头与网友互动，这样就实现了将线上交流延伸至线下互动，将以往单向、线性的报道拓展为多元立体的交互场景分享的目的，体现了网络视频直播特别是移动直播零时差对话、点对点互动的优势，充分调动了受众的交互积极性，满足了受众在社交生活中的陪伴需求。

2. 慢直播

　　慢直播的出现是对直播定义的又一次扩展。对于受众来说，不管是传统的电视直播还是时下流行的网络直播，他们对直播的第一认知就是"将信息及时传播给受众"，因此直播一直以来是以"快"著称。而慢直播恰恰相反，慢直播是信息传播者对直播现场或直播事件主体实施最低程度的介入和干预，使得直播对象体现出强烈的真实性，依靠直播画面自我阐释能力让观众产生极强的带入感。

例如，在 2020 年抗击新冠肺炎疫情时，随着确诊人数的不断攀升，疫情扩散速度加快，武汉封城。从 1 月 23 日起，国家先后启动了加速修建武汉火神山、雷神山两所专门救治新冠病人的医院的工作。央视频 App 开启《疫情 24 小时》直播端口，通过固定机位、无剪辑、无串场、原生态的"慢"直播形式，24 小时全程展现医院的建设过程，让"宅"在家中的广大网友当起了"云监工"①。（如图 5-1）在短短几十天里，"火神山、雷神山云监工"慢直播创造了多项视频直播记录，截至 2 月 4 日，"云监工"累积观看人次超过 1 亿，甚至凌晨 3 点还有 2000 万不睡觉的网友在看工地施工。

图 5-1 央视频《疫情 24 小时》图例（一）

工地上的渣土车、叉车、塔吊、水泥机等设备都以颜色被命名为"小绿""小白""小蓝""小黄"，摄像头被命名为"摄政王"，这些拟人化的设备成为网友们夸赞的对象，网友们甚至仿照为偶像应援的方式成立了粉丝后援会。这

---

① 《2020 内容科技应用典型案例：央视频〈疫情 24 小时〉慢直播产品》，http://yjy.people.com.cn/n1/2021/0610/c244560-32127852.html。

一现象体现了网友们的爱国热情,虽然不能到现场帮忙,但可以通过这种方式为抗击疫情做贡献。(如图 5—2)

图 5—2 央视频《疫情 24 小时》图例(二)

(二)VR/AR 新闻

如果说网络视频直播是通过对新闻情境的间接塑造来满足受众心理上的"在场感",VR/AR 新闻就是利用虚拟现实的计算机仿真系统,在三维空间内对新闻现场情境进行全方位信息模拟,让用户在三维空间里直接"到达"现场,全身心沉浸其中,形成一个"接近于真实的拟态环境"。同时通过刺激受众的视觉、听觉、触觉、嗅觉等感官,实现受众生理上的"在场感"。从传播目的来看,VR/AR 技术在临场化新闻中的应用是为了给受众呈现更直观的新闻情境。

以 VR 技术为依托,通过计算机画面模拟缝合技术构建的三维模拟新闻现场,代表了目前媒介对感官延伸的最大化程度。VR 技术所提供的影像不断刺激受众的多种感官,并试图消减媒介的转述感与中介感,打造一个与真实现场无缝衔接的新闻模拟环境,让受众真实体会临场感与沉浸感。

VR 新闻是利用虚拟现实技术展示新闻,是通过建构视觉刺激所形成的一种第一人称视角的新闻,由于视角是从主观角度进行观察,因此受众在观看 VR 新闻时就像自己身处现场一样。VR 新闻可以用来记录灾难,提醒大家预防危机事件或避免类似事件的再发生。当然 VR 新闻也可以用在会议新闻报道中,让受众有身临其境的感受。

比如在 2016 年的两会报道中,有一档《人民大会堂全景巡游》VR 节目,

受众可以通过"总理""省长""群众""记者"等不同角色换位来体验会场内不同位置的视角感受，甚至可以体验"站"上主席台的视角；2019年新华网推出VR节目《春运首日，回家的路》，受众戴上VR眼镜就可以与旅客一起体验排队买票、安检、等候上车的过程，甚至可以坐在车厢里欣赏窗外的风景。在VR新闻中，受众通过"主观视点"的带入，可以切实感受新闻现场情境，比起需要受众通过想象力转换场景的视频直播更有现场感。

（三）VR/AR直播

以网络视频直播为基础，加上VR或AR技术，就相当于为临场化新闻增添了"互动"与"虚拟"的传播通道。这两种效果结合在一起，可以实现新闻更多元的呈现方式。

VR直播采用全景拍摄设备捕捉清晰、多角度的画面，令观看者可从任意角度自由体验逼真的新闻现场情境，并加强直播方与受众以及受众与受众之间的互动感，让VR新闻由个体体验拓展为一种群体性的体验。这种模式在大型活动及体育赛事报道中有丰富的实践经验和广阔的应用前景。例如，在2019年的北京世园会上，5G+VR直播"鸟瞰世园会园区"成为一大亮点。馆内的观众可通过佩戴VR眼镜，实时观看由5G信号传输、无人机VR直播的世园会园区全貌，馆内的每一处楼阁和每一片花海都可以尽收眼底。

二、短视频新闻

短视频新闻是时间短、能反映现实生活的移动传播，基于这一特点，短视频新闻能满足受众碎片化的消费习惯，迅速成为融媒体传播的主流形态，使网民注意力结构发生变化，深刻地影响了融媒体传播的格局。

（一）国际短视频新闻的发展

2012年，美国赫芬顿邮报联合创始人KenLerer创立了名为Now This News的移动新闻服务，随后吸引了多位来自CNN与MTV的业内人士加入。而在2013年年初就已经有土耳其记者利用另一款短视频应用Vine记录了美国驻土耳其大使馆外的一次自杀爆炸袭击，这段6秒的视频记录了所有的重要细节。现如今，Now This News已经成为专业化的短视频新闻生产与传播平台，上面各路媒体机构和媒体从业人员云集，而Vine也从新闻专业化角度推出了名为"Vine Journalist Awards"的视频新闻奖，力图占有这种新的新闻传播途径。到2016年，Now This News视频点击总量已经超过10亿。

2014年年初，英国广播公司（BBC）在Instagram上推出了一项名为

"Instafax"的短视频新闻服务,随后几个月 CNN 也与 Twitter 合作推出了一个名为"Your 15 Second Morning"的 15 秒短新闻视频资讯服务。

(二)国内短视频新闻的发展

在我国,2016 年被称为中国短视频元年。短视频新闻发展迅速,以抖音、快手、火山、微博、微信为代表的短视频 App 让短视频新闻的传播向"小、短、快"的方向发展。2018 年,短视频应用迅速下沉至三四线城市,短视频用户规模和使用时长都呈现爆发式增长态势,带动行业市场规模迅速增长。

互联网头部流量平台纷纷发布了自己的"短视频"标准:15 秒、30 秒、1 分钟、3 分钟、5 分钟……人工智能系统对每天打开快手的用户的行为进行分析判断后,认为"57 秒"是短视频的最佳时长。同时,随着越来越多的主流媒体入局短视频内容生产,网络平台上新闻短视频的流量之争将日趋激烈。中央电视台的短视频栏目《主播说联播》是中央广播电视总台新闻新媒体中心于 2019 年 7 月 29 日正式推出的短视频栏目。《主播说联播》的内容密切关注热点,结合当天重大事件和热点新闻,用通俗语言传递主流声音。

三、地图新闻

地图作为一种载体,是以图形或数字形式反映自然和社会现象的空间分布特征,是对地理信息的直观和形象表达,也是人们认识周围世界空间分布格局的重要手段。地图新闻,顾名思义就是借助地图,利用地理信息对社区信息传播进行架构和集中的融合新闻。它是完全针对地区信息传播的通道,更能适应融媒体环境下的分众传播与受众反馈模式。

地图新闻的原理是将信息与地图进行融合,通过地图这一媒介将新闻主题进行空间化表达,并配以简短文字、图片、音频、视频。只要用户输入地区的名字、邮编或 GPS 定位,地图上就能快速而清晰地显示该地区包括周边一定范围内发生的事件,用户只需点击标记即可了解事件的详细信息。地图新闻的出现增强了用户的时空感与关注度,从而成为新媒体时代读者获取新闻的一种新模式。

地图新闻的核心是用数据挖掘的手段获取各种结构化的信息,并以数据化地图的形式呈现数据新闻。这种手段确实较之传统的文字、文本式报道有了很大的不同。[①] 近年来,国家基础地理信息中心按照新闻媒体的需求,先后为新

---

① 陈昌凤:《数据新闻及其结构化:构建图式信息——以华盛顿邮报的地图新闻为例》,载于《新闻与写作》,2013 年第 8 期,第 92—94 页。

华社、《人民日报》、中青在线等新闻媒体单位编制了二十余期新闻地图。2018年春节前夕，该中心联合新华社共同推出了《点开看看，习总书记的春节地图》，于2018年2月13日在新华社客户端、新华网客户端等平台使用，展现和解读了近几年来习近平总书记春节前夕下基层考察慰问调研的情景。该新闻地图报道经新华社播发后全网阅读量达250000余次。2018年4月8日至11日，博鳌亚洲论坛年会在海南博鳌举行，在论坛举办期间，新华社制作了《习总书记的海南足迹》H5产品，采用互动式的新闻地图形式，以全新形式、全新视角展现了2013年至2018年习近平总书记在海南走过的足迹。该新闻地图报道经新华社播发后全网阅读量达162000余次。

采用这种有资质的制图单位和新闻媒体部门联合制作推出的创新服务模式，既能快速获取权威的基础地理信息数据，发挥制图单位优势快速制作准确地图，缩短地图审核修改的时间，又能借助媒体特长快速完成新闻地图后期处理与对外公开发布，同时获得较好的阅读量。

2018年7月，世界遗产委员会审议通过将中国贵州铜仁梵净山列为世界自然遗产，中国世界遗产增至53处，自然遗产增至13处，世界自然遗产总数居世界第一。原中国测绘（现为资源中国）微信公众号将这13处世界自然遗产的名称、位置、入选时间与照片依次在中国全图上展现出来，并于2019年1月10日推出了标题为《大美中国的13处世界自然遗产，你都去过吗?》的地图新闻。13处世界自然遗产的位置，按照入选世界自然遗产的顺序在中国地图上依次闪现出来，同时展现出一幅实景照片，让读者获得更好的阅读体验，激发读者热爱祖国大好河山的爱国情怀。这种动态地图新闻的可视化表达模式带给读者强烈的空间感，令人产生强烈的要去看一看的想法。

四．互动新闻

对于互动新闻，美国乔治·华盛顿大学媒体与公共事务学院副教授尼基·厄舍在《互动新闻》一书中这样定义："一种通过代码来实现故事叙事的视觉化呈现，通过多层的、触觉的用户控制，以便实现获取新闻和信息的目标。"

也就是说，互动新闻是一种通过软件创建的新闻类型，它的技术基础仍然是Web2.0带来的个人化、互动化、分享式等功能。尼基·厄舍在《互动新闻》第一章中提到这样一个例子：

一对积蓄不多的美国年轻夫妇想在华盛顿特区定居，如果购买这里的房屋，其均价接近50万美元，但如果租住附近有地铁、购物商城和娱乐设施的一套两居室公寓，则每个月的租金大约需要3000美元……买房还是租房划算呢？谁能帮助他们做出决策？互动新闻产品可以帮到他们。尼基·厄舍（Nikki Usher）夫妇在《纽约时报》的互动新闻产品"租买计算器"上输入了一些个人数据，这些数据包括月租金、潜在的房子首付、房屋成本，以及物业税和抵押贷款利率等信息。通过计算器呈现的结果，这对夫妇最后得出结论：如果他们计划在华盛顿特区长期居住，那么买房要比租房的性价比更高。

在这款互动新闻产品中，《纽约时报》的记者研究了与租购房有关的所有关键因素，不仅计入了有关住房抵押贷款和租金的经济影响，还考虑了如何将这些因素与个体情况联系起来，然后使用编程语言，最终呈现出视觉上吸引人的、便于使用的、具有个性化结果的展示方式。

由此可见，互动新闻是在多媒体技术和数据算法技术驱动下的新闻可视化呈现，它通过代码助力的多媒体来展示故事，以可视化的方式引导用户去点击参与、探寻体验，用户从丰富的信息元素——可视性的故事、地图、动画图形、评论与注释中获得沉浸式和响应式的信息体验。

互动新闻具有以下特点：一是用代码和数据叙事；二是将内容视觉化；三是强调多感官的特点，体现用户在其中的控制性。下面举两个典型的互动新闻例子。

2013年普利策新闻特稿获奖作品《雪崩：特纳尔溪事故》（Snow Fall：The Avalanche at Tunnel Creek）报道了16名滑雪爱好者遭遇雪崩的经过，在报道技术上颠覆了传统报纸的新闻呈现方式，它将现场地理环境、天气变化过程与事件发展过程紧密结合起来，集成文字、音频、视频、动漫、数字化模型（DEM）、卫星模型等表达手段，以三维立体的方式展现了灾难的故事。这是一件完全孕育于新媒体技术的新闻作品，它先在《纽约时报》网站上发表，6天之内就收获了350万次页面浏览，3天后才在印刷版报纸中刊出。普利策奖评审委员会在颁奖词中评价：《雪崩》对遇难者经历的记叙和对灾难的科学解释使事件呼之欲出，灵活的多媒体元素的运用更使报道如虎添翼。[①]（如图5—3）

[①] 陈力丹、向笑楚、穆雨薇：《普利策奖获奖作品〈雪崩〉为什么引起新闻界震动》，载于《新闻爱好者》，2014年第6期，第43—46页。

图 5-3 纽约时报互动新闻《雪崩：特纳尔溪事故》图例

2018年春节，为致敬中国改革开放40周年，中央电视台财经频道基于腾讯天天P图首创的"多人脸融合"技术，推出了《幸福照相馆》H5多媒体融合创意互动项目，受众只要上传家人的单人照片，就可一键生成不同年代的全家福，见证40年中国家庭生活的巨大变迁。该作品获得了第二十九届中国新闻奖新媒体创意互动一等奖。《幸福照相馆》H5的用户触达173个国家和地区，帮助超过五百万个家庭实现了制作全家福的梦想，用科技在阖家团聚的春节献上温暖。在诸多网友互动反馈中，不乏令人感动的瞬间。有网友留言说："看着生成的照片，我笑着流泪了……今年是父亲去世20年整，真后悔没能和二老照张相……"[①]（如图5-4）

---

① 《〈幸福照相馆〉：用科技实现"团圆"梦想，这款 H5 做到了》，https://baijiahao.baidu.com/s?id=1651498693305675559&wfr=spider&for=pc,2019-11-29。

图 5-4　央视财经频道 H5 产品《幸福照相馆》图例

五、数据新闻

数据新闻又称"数据驱动新闻",指对数据进行分析与过滤的一种精准报道方式。它是基于计算机程序进行数据的收集、挖掘和分析来探究有价值的信息,并通过可视化的方式进行呈现的一种新闻。

数据新闻以满足用户的需求为目的,在不断丰富表现形式的同时,能够使信息呈现更加符合受众阅读习惯,便于对抽象信息的理解。数据新闻是植根于传统新闻,并在传统新闻的土壤中成长起来的一种新的新闻表达方式。

一方面,数据新闻与传统新闻是相辅相成、互相补充的关系。在互联网出现以前,传统新闻主要以文字形式呈现,受众的逻辑思维和抽象思维在阅读中得以加强。但随着计算机技术的出现,面对大量抽象的数据信息用户的接收难度增加,但他们又对新技术充满好奇心理,数据新闻的出现在某种程度上迎合了用户对于技术与信息的双重需求;抽象复杂的信息仅凭借文字难以叙述清楚,受众也不易理解,数据新闻通过可视化方式对其进行呈现,增强新闻可读性的同时还能够提升趣味性。

另一方面,数据新闻的呈现形式多元化,比传统新闻的文字呈现更加直观。

数据新闻用动态和静态等多种形式来表达内容,通过数据可视化为受众提供清晰、直观的内容。同时,大数据技术对现有的新闻生产的模式与机制产生重要的影响,使数据新闻出现了新的趋势——预测性新闻、数据驱动型深度报道。

2014年是数据新闻元年。1月25日,中央电视台《晚间新闻》播出了数据新闻《据说春运》,首次采用百度地图LBS定位的可视化大数据,播报国内春节人口迁徙情况。这也是大数据首次以老百姓能看懂的方式,可视化展现在电视屏幕上。该节目将百度搜索和网上即时的调查与电视新闻结合起来,以各方面发展态势的大数据作为背景来报道,实现了新闻形式上的可视化突破,在内容上的新闻化和故事化方面体现了"大数据小故事"的特点。(如图5—5)

图5—5 《据说春运》画面

2015年10月3日,中央电视台《新闻联播》栏目推出了大型系列数据新闻节目——《数说命运共同体》。[①] 该节目使用了国际上最先进的数据可视化技术,依托国家"一带一路"数据中心、国家统计局、海关总署、世界银行、世界贸易组织的权威数据库,动用两台超级计算机,历时6个月完成,通过讲述贸易、投资、中国制造、基础设施、饮食文化、人员往来等,呈现出"一带一路"沿线国家"命运共同体"图景。该系列节目除了在标题上用了"数说"一词体现数据新闻的特点,还创新了故事传播技巧,将数据与故事紧密联系起来,通过主持人的实地采访,用数据说话,取得了很好的传播效果。(如图5—6)

图5—6 《数说命运共同体》画面

---

① 新闻联播完整版视频:https://tv.cctv.com/2015/10/03/VIDE1443872544698439.shtml,2015—10—03。

第五章 融媒体新闻的采访实践

思考和练习

1. 阐述我国媒体融合的发展历程及现状。
2. 在移动传播时代,作为融媒体记者应具备哪些方面的能力?
3. 结合一个案例阐述数据新闻的功能和作用。

第六章　融媒体新闻的信息运用

新媒体环境中的媒介产业、媒介技术、媒介组织的融合，直接催生媒体融合以及新闻报道形态的融合。自媒体、大数据、物联网等层出不穷的新传播技术应用，一方面改变了公众获取新闻信息的习惯，另一方面也提供了丰富多样的传播手段，这对于传统的新闻媒体及其新闻采写既是机遇也是挑战。

融媒体新闻传播不能等同于"全媒体新闻传播"，不是多媒体报道的随意堆砌或多平台同步，而是基于互联网为核心的报道平台的传播。在实际传播中，融媒体新闻传播将根据新闻内容特点，用最合适的媒介手段融合使用多种技术形态的传播形式。同时，要利用好新旧媒体本身的特性，比如以文字为主的纸媒更适合做全面深度的调查性报道；而图片因其生动形象表现力强，因此在一些现场报道中显示出快捷的作用和审美价值；视频有其他媒体所不具备的现场感，用于直播最合适不过；另外如动态图表等表现形式可以让数据可视化，随着技术的发展也显出交互化体验。融媒体新闻传播的最大魅力是突破了技术的限制，选择互联网新闻的最佳表达形态，实现了新闻报道内容与新闻呈现形式之间的最佳匹配。

对此，作为专业的、权威的新闻媒体以及职业记者在新闻信息的采集、处理、呈现上，既要注意研究互联网时代新的传受规律，讲究信息传递的快、短、活，以顺应受众的浅阅读、视觉化阅读新习惯，同时，更要注意研究如何把握速度与深度的平衡、娱乐与思考的平衡、信息的告知与解读的平衡，力求用新颖的、富有独到见解的新闻产品去形塑受众的趣味、喜好、欣赏习惯、文化生活模式乃至深层心理文化结构，进而营造健康向上的社会文化氛围。

第六章　融媒体新闻的信息运用

第一节　培养适应融媒体传播的复合技能

一、融媒体新闻采编的内在要求

融媒体新闻传播是依托传统媒体的专业采编团队与互联网技术的发展，致力以一种最适宜的媒介手段进行相应的新闻传播的专业团队。目前，我国的融媒体新闻报道发展迅速，呈现出一种实践先行、理论随后的态势，媒体从业人员对新形势新挑战必须做到了然于胸才能从容应对。

（一）海量的信息承载

融媒体新闻的信息来源广泛且海量。新时代人们已经习惯从互联网上获取信息，虽说网络上充斥的大量信息中不乏有效信息，但与此同时反转信息和不良信息无时不在影响受众判断。海量信息给记者的工作提出了不少难题，在这个信息爆炸的时代，有效鉴别信息成为记者的必备技能之一。在面对很多真假难辨的信息时，记者往往面临选择，一方面是及时报道这些信息，保证时效性；另一方面可能因信息不准确而承担反转新闻带来的后果。比如疫情期间大量的信息源无疑给记者报道确切真实的新闻增加了挑战。

融媒体时代新闻信息具有日趋碎片化、简短化的趋势。随着现代生活节奏加快，受众可以用来获取新闻信息的时间变得更短，更多的是利用碎片化时间通过社交软件阅读新闻。受整个社会快节奏生活的影响，大量大段文字已经无法吸引读者的兴趣，相比之下新媒体的碎片化信息更易被受众接受。这对于新闻工作者来说是一个新挑战，如何在这个信息碎片化时代吸引用户注意并有效传递信息成为当前必须面临的课题。

（二）采访报道方式多样

相较于传统广播电视新闻，融媒体视域下的新闻采访、报道方式更加多样化。以往新闻采访需要由出镜记者和摄像记者共同完成，采访工作相对正式，需要在专门的新闻电视频道和固定时间段播出，报道方式较为单一。而今天，传统的报道方式呈现出专业姿态，是新闻业必不可少的组成部分，但有些情况下新闻工作人员可以利用随身携带的智能设备完成采访工作，抓住第一现场来提升报道的时效性。通过新媒体设备进行报道，传播方式多样化，突破了传统广播电视媒体在时间和空间上的限制，为受众获取新闻信息提供了更多选择。

（三）信息处理方式先进

在以往的广播电视新闻采编工作中，受制作工具和设备的限制，后期制作工作相对较为简单,导致新闻报道方式单一,传播效果相对较差。在新媒体时代,随着各种制作处理技术的出现,人们对新闻质量和视觉效果有了更高的要求。广播电视新闻采编工作人员要灵活应用各种技术工具,提高新闻编辑质量,做到文字、图片、视频、信息制图、动态图表等形式的平衡与融合,通过先进的制作手段和制作方式,提升受众的视觉感受,展现广播电视新闻在视听方面的优势。

(四)对记者职业素养要求更高

传统媒体记者的采访工作主要是到达现场,展开采访提问,并进行分工、整理、编辑,最后以报纸或广播电视新闻节目的形式报道传播。而融媒体新闻要求更细致,记者可以采用更加多样的方式与被采访者进行沟通,并且创造出多样的呈现方式。不同于传统的突发事件直播报道,如今兴起的慢直播作为一种软新闻可以说突破了传统直播的外延。记者还应掌握新媒体及数据技术以适应现今时代要求,时刻保持学习的态度,将最新的传播方式带给受众,做时代的弄潮人。

三、融媒体传播的复合技能

媒介融合要求传播者拥有专业基础技能和适应新时代的复合技能。

(一)基础技能

1. 政治素养

新闻传播工作者要有优良的思想品德和政治素养,能够坚持正确的舆论导向,能用辩证的眼光看待社会问题,正确认识、阐述、处理热点事件,向受众传达正确的思想观念。习近平总书记在《把握好新闻工作的基点》[①]一文中提道:"新闻工作者要把握时代的脉搏,认识新闻的作用,要看到新闻事业是党和人民的喉舌,担负着反映舆论、引导舆论的一个重要任务。我们党历来有一个传统,就是通过运用报纸、广播、电视等宣传工具,宣传党的路线、方针、政策,教育人民,反映人民的呼声,弘扬正气,揭露消极腐败现象,动员组织广大群众投身社会主义建设事业。"

2. 知识储备

新闻工作者的知识结构要合理,既要博又要专。博,是新闻工作的需要,

---

① 《习近平:把握好新闻工作的基点》,http://theory.people.com.cn/n/2014/1016/c389908-25846716.html,2014-10-31。

记者工作接触面广,各行各业无所不包;记者采访的对象,各阶层人士无所不包;记者采访的足迹,大江南北无所不到。记者既要掌握大量的人文社会科学知识,又要通晓一定的自然科学知识,更要掌握新闻理论和业务知识。专,是指从事哪一方面采访报道的记者,就应在哪一方面"专"且"深"。

3. 综合素质

第一,应该具备极强的新闻敏感。电视记者要具备比纸媒记者更高的新闻敏感,而融媒体时代的新闻工作者则应具备更精准的信息攫取能力。融媒体新闻是集文字、图片、视频、数据、交互等为一体的,新闻事件的发生发展不以人的意志为转移,每个场景都稍纵即逝,记者必须时刻保持高度集中,以专业的新闻敏感对一些突发情况做出判断,把画面摄录下来,再用最适合的方式进行报道。

第二,应该具备熟练的采访、画面调度、剪辑和后期制作能力。从前期拍摄来讲,记者不仅要会采访,而且必须掌握摄像的技能,能根据采访的需要和对事件的主题进行把握。从后期剪辑制作来说,记者要具有新闻敏感,能从拍摄的素材里挑选出最具新闻性的场景和同期声,在有限时间内将最有价值的内容展现给观众。在熟悉摄像、剪辑技术的同时,记者还必须掌握后期制作技能。

(二)复合技能

在媒介融合背景下,新闻报道将以全媒体的方式,尽可能地运用各种手段来完成信息的制作与发布,从而实现传播效果的最大化。美国密苏里新闻学院副院长布莱恩·布鲁克斯(Brain Brooks)教授表示:"我们将会看见,随着媒体企业之间的合作,电视、广播和网络的资源都会被集中起来,新闻工作者必须具备跨媒介的新闻工作能力。"

1. 信息筛选精准化

采访是记者的基本功,与之相关的信息搜集能力也十分重要。依托互联网技术,记者可以通过网络发现新闻线索,查找采访对象及其相关信息,来获得与新闻有关的背景,丰富和深化报道。面对信息爆炸时代,有时信息过多也是难题,记者必须提高自己的资源整合能力、信息的甄别和收集能力,才能掌握新闻传播报道的主动权,才能从"海量"的新闻来源、素材中更精准化地提炼出大众所需的信息。做到信息筛选精准化,其一要提高新闻敏感度,保持新闻专业素养;其二要提高媒介素养和数据分析能力,利用新技术辅助完成。

2. 采访模式灵活化

在融媒体环境下,智能手机成为信息终端,从而实现信息传播"点对点"

的新型模式，受众对于新闻信息质量的要求也会更高。新闻记者作为信息传播主体，在采访中要关注新媒介传播渠道特点，在客观报道的同时提高信息互动性，因为受众不再被动"接收"，而是具备了信息的自主选择权，只有提高受众参与度，才能增加新闻吸引力，从而提高新闻传播价值，增强电视新闻关注的黏性。

在采访过程中，要具备良好的信息辨别能力，揣摩受众的信息偏好，尤其要注意网络信息的真实性，做好信息核实查实工作，这样才能保证采访工作严谨真实，避免虚假新闻流出。在采访中记者要严守职业底线，对各类信息进行严格筛选，保证采访信息与事实相符。

如今受众更习惯于碎片化浏览，记者应在采访中关注受众习惯，调整新闻采访形式，发掘新闻重点。在实地采访中，可以采取分段式处理方式，对新闻信息进行分类，做好精准采访、精准编辑、精准发布，坚持"做实、做深、做细"的原则，体现出传统媒体的传播优势，在适应新媒体环境的同时，实现两者优势的融合渗透，切实提高电视新闻采访效率。

3. 呈现方式矩阵化

融媒体新闻在呈现方式上有着明显的矩阵化特征，因而记者也要随之改变，朝着全能记者的目标去要求自己：既能使用文本、视频、音频等传统技能，又要掌握数据可视化等新技术，并能随时了解受众的需求加以合理满足。因此融媒体时代新闻工作者要想纵横自如、得心应手，就不能局限于"一技之长"。

第一，要有流畅通达的书面文字表达能力。在一些深度报道中，高超的文字驾驭能力仍然是检验记者专业性极为重要的标准。

第二，要有有声语言的驾驭能力。"出现场"早已成为东西方新闻界的共识，融媒体时代现场新闻、直播新闻早已成为标准配置，如果记者口头表达能力不强，普通话说得不够标准，势必会极大影响视频的传播效果。出镜记者只有对自己高标准严要求，不断积累经验，才能将"出现场"身临其境的感受发挥到最佳。

第三，要有视频声画的处理能力。融媒体时代是图文结合的时代，也是视频、直播、互动的时代，画面镜头的特性决定了记者必须掌握视听语言的运用。

第四，要有融媒体的复合能力。既要熟练掌握综合运用文字、图片、音频、视频的专业技能，还要掌握、应用传播新科技，精通与媒体相关的信息系统，能够运用社交软件、自媒体等新型互联网平台和网络手段等进行新闻传播。如《人民日报》融媒体在庆祝新中国成立 70 周年相关报道中就探索"三微一端"即运用微博、微信、微视频、客户端进行新闻报道的模式，为行业未来发展融媒体新闻工作带来了很大启发。

第二节　融媒体新闻思维

学者喻国明一直致力新闻传播研究，他认为嵌套式平台将成为未来媒介的进化趋势，即媒介共生的新形态。[1] 以往媒介是各自为政、封闭竞争，如今互联网等传播新技术的出现拆除了彼此间的藩篱，在重构新闻生产流程的同时，也给传统媒体的新闻采写者带来了难得的机遇。这是因为以网络为代表的新媒体给人们带来了更多样的信息源，记者可以借此发现、选择更有价值的新闻信息，进而深入新闻现场，用扎实的采写功力还原、呈现新闻事件。为达到最佳效果，记者应当适配融媒体时代的新闻思维。

一、融媒体新闻的特征

与传统新闻媒体的报道不同，基于互联网平台的融媒体新闻报道主要有三个特征：全时、开放和互动。

（一）全时

传统新闻在其特定的线性传播上有固定的时间节点，如每日晚 20 点播出或每周六播出，而融媒体时空也跳脱出传统的线性传播。这意味着新闻的随时性和全时性代替之前的循环报道。同时，也意味着新闻生产的结果不再是静态产品，而是可以实时修改和补充的动态过程。

（二）开放

融媒体时代不再像传统媒体依赖单一新闻来源，而是秉持开放的态度，对于记者来说，信息来源也更加广泛。公共平台和空间向互联网倾斜，在新闻写作中表现出的优势也展现出新媒体的特征。"数据新闻"研究者保罗·布拉德肖以新闻六要素为例，展示了融媒体呈现新闻的优势[2]（见表 6-1），这种优势是报纸、广播和电视均无法表现出来的。

---

[1]　喻国明：《未来传媒进化的大趋势及 VR、机器人写作与知识付费》，载于《教育传媒研究》，2017 年第 4 期，第 95 页。
[2]　《新闻采访与写作》编写组：《新闻采访与写作》，高等教育出版社，2019 年。

表 6-1 融合报道的"5W1H"模式

受众可能感兴趣的问题	整合报道提供何种渠道呈现
我还可以联系谁？	社会性媒体（微博、微信、社交网站）
记者写报道时查阅了什么背景资料？	电子书签（分享和订阅记者的书签账户）
它是在哪里发生的？	地图导航（GPS 标注）
它是何时发生的？	日历展现（设置提前提醒和订阅）
我为什么关注？	数据库调入（充分的数据和案例证明）
我还能做什么？	互动机会（为受众提供个性化的体验）

（三）互动

传统媒体采用一对多的固定传播模式，专业的新闻组织对客观世界进行议程设置，并把重要信息以新闻方式报道给受众，此时受众是被动接收的。而融媒体新闻因其平台多样，可以让用户通过搜索选择自己更感兴趣的新闻。同时，用户生产内容（UGC）的发展使得用户不只是被动接收信息，还能直接生产新闻。融合报道的过程中，媒体不再是唯一的新闻生产者，那么随之而来其工作重心也不只是专业性的采访报道，而应尝试建立更加开放互动的机制，让用户积极参与到新闻生产中来。

二、融媒体思维

因为融媒体新闻具备全时、开放、互动的特征，因此记者在进行融媒体新闻报道时也要有相应的新思维，具体可以概括为"融"的思维、信息整合思维和标新立异思维。

（一）"融"的思维

记者在进行新闻策划之初，就要考虑好呈现形式，尽可能地丰富采访报道内容，并有意识地进行文字加工、视频加工，以便推送到不同平台。2007 年 6 月，我国媒体开始进行"中央厨房"模式探索，例如《中国青年报》设置"融媒小厨"，天津成立"津云中央厨房"，烟台日报传媒集团上线"中央厨房式全媒体新闻中心"，广州日报社成立纸质版和新媒体的合作平台"滚动新闻部"，南方报业传媒集团设立"融媒体中心"等，这些行动足以证明"融"的思维必须成为融媒体时代传播的基石。2016 年，《人民日报》全媒体平台"中央厨房"于 2 月 19 日正式上线，它以内容的生产和传播为主线，打造融合媒体发展的新平台，从运作模式上打破过去媒体版块分割局限，统筹采访、编辑和技术力量，实现"一次采集、多元生成、多渠道传播"的工作格局；从团队协作上，采访中心、编辑中心和技术中心联动，"报、网、端、微"各部门组成统一工作团队；从用户体验上，以提高用户黏性为核心要求，不断根据用户需求来调整信息，充分利用社交媒体和移动互联网技术增强与用户的即时互动。

（二）信息整合思维

融媒体新闻报道之所以一诞生便迅速发展，是因为这个时代是一个信息爆炸的时代，记者需要培养信息整合思维，才能在杂乱无章的信息网络中获取、筛选、核实、整合、发布信息。同时，融媒体新闻既要培养有信息整合思维的全能型人才，又应当组建一支能够高效运转、信息互动的"全能型队伍"。在《人民日报》"中央厨房"里，采访中心、全媒体编辑中心和技术中心的采编联动平台和"报网端微"统一团队进行全媒体新闻生产加工，成品进入数据库。而这些数据库和稿库中的信息是可供报社总编室、人民网总编室、新媒体中心总编室直接取用的，也可作为其他新闻产品的素材。值得注意的是，在信息整合中必须要具体问题具体分析，既要研究同一信息在不同终端按照不同流程发布的具体操作模式，尝试探索出最佳途径，又要考虑某一信息以何种手段展示以满足用户需求。

（三）标新立异思维

新闻就是对新近发生的有价值的事情做如实报道。媒体无论在哪个时代都要发挥好议程设置的功能，以能引起受众共鸣的角度去认识新闻事实，确立报道的主题，揭示事件的来龙去脉。当前由于媒体间的竞争激烈，同时观众对常见报道方式也有审美疲劳，所以融媒体新闻思维还应树立标新立异的思维，多探寻新的发挥空间。2021年为庆祝中国共产党成立100周年，人民网开展了"我的党龄"互动活动，以党员们晒出自己的党龄时长图片的方式进行互动，增强了新闻传播力。再比如，2019年7月25日的《新闻联播》发布一篇名为《究竟谁在全球到处欺侮恫吓他人？》[①]的国际锐评，其中有一句"荒唐得令人喷饭"引起热潮，文章如下：

央广网北京7月26日消息　据中央广播电视总台中国之声《新闻和报纸摘要》报道，现在播送国际锐评，题目是《究竟谁在全球到处欺侮恫吓他人？》

---

① 《国际锐评：究竟谁在全球到处欺侮恫吓他人？》，http://china.cnr.cn/news/20190726/t20190726_524706302.shtml。

锐评说，美国100多名所谓对华强硬派人士最近污蔑中国推行"扩张主义""利用综合国力欺侮和恫吓他人"，声称"在美国的政治体制中，政治是常态，战争是例外，而中国恰恰相反"，这一观点荒唐得令人喷饭。

中国最新发布的《新时代的中国国防》白皮书明确"永不称霸、永不扩张、永不谋求势力范围"是新时代中国国防的鲜明特点。反观美国，自1776年建国至今，200多年里有90%以上的时间在打仗。2018年美国军费支出超过6400亿美元，高居世界第一，是排在其后8个国家军费的总和。

美国如此好战，却反诬中国"不是和平政权"，如果美国某些政客抱着霸权思维不放，奉行强权政治、到处欺负恐吓他人，充当"搅屎棍"，那么迟早要被21世纪全球化文明社会所抛弃。

相关微博话题获6.8亿阅读量，9.7万讨论量，可见央视在本次传播中使用有别于以往的表达方式，折射出丰富的社会文化，以标新立异的思维引发一定量级讨论，既强化了政治意识，坚定维护党和国家的权威与尊严，又以更年轻化的表达激发大家的热情讨论，使主流价值观得到广泛传播。

第三节　培养对信息的多维处理能力

信息技术革命导致社会信息量爆炸式增长，人类进入信息过量时代。看似人们获取信息的途径更广泛，但其实并不轻松，从海量承载的信息中搜寻自己需要的内容不是一件易事。上文曾提到今天生产新闻的不仅是专业记者，还有更多用户自生产，但其实由于媒介素养参差，用户的内容生产和获取都存在困难。针对这种现象，媒体应该随之变革，不再以单纯的信息提供者或新闻生产者为主，而尝试转变为"信息管家"，不仅要为用户筛选出他们需要的、有价值的信息，还要对信息进行整合和分析，给用户带来更专业的解读。

一、培养对信息的梳理、求证和深度解读能力

1. 信息的梳理与求证

"人人都有麦克风"这句话是对以互联网为代表的新媒体极为贴切的一句表述，虽然新媒体带来更为广泛的信息源和新闻事件，但把关人的缺失，导致充斥其间的各种假新闻、反转新闻层出不穷。人民网在2015年3月9日刊载的《全媒体记者的能力要求》一文中提道："职业记者的首要责任就是按照议程设置从这些海量信息中选取对社会影响最大、公众关注度最高的信息进行专业的调查核实，并且有逻辑地加以整合和梳理，最后通过不同终端呈现给用

户。梳理、选择信息的标准是新闻价值，核实、求证信息的依据是新闻事实。"近年来，很多媒体都将目光重新投向对信息的梳理求证能力，扛起专业媒体的一面旗帜。澎湃新闻开辟"问吧"社区，邀请各界专家在这里开辟专栏，通过与读者的问答互动，跟进新闻热点并且实现大众媒体的教育功能，分辨真相和谣言，并将核实结果实时更新。《新闻联播》近些年也做了很多创新性调整，利用互联网优势，加强与网民的互动，通过创办新栏目如《主播说新闻》等来回应网民的疑问，网民通过点赞、转发、评论等方式表达个人对所传播内容的认可或意见，并且通过多平台与受众跨时空互动交流，如入驻快手平台的一句"老铁们"瞬间拉近与年轻群体的距离。这不仅能提升主流媒体在网络空间的话语权，更是主流媒体不断下沉和深入的一次深化变革尝试。

2. 信息的深度解读

新媒体平台上的信息多而杂、庞而乱，用户身处其间往往难以分辨。这不仅仅因其存在刻意为之的假新闻或未经证实的虚假信息扰乱视听，还由于信息提供者的非职业化和所处地域的分散性，导致信息常常是浅层的、碎片化的、不可持续的，因为获取信息的大众并非专业信息筛检者，上述情况将给他们造成极大困扰，那么对信息进行深度解读就成为融媒体时代新闻记者必须承担的另一项任务。人民网文章《全媒体记者的能力要求》提道："有传播学者提出了一个'净菜'理论，认为全媒体时代，新闻和信息已从过去的稀缺变为泛滥，受众迫切需要的不再是信息量的庞大和传播的快捷，而是一种信息的安全感——对所关注信息深入透彻的了解，因此，新闻报道应该像菜场为家庭主妇提供'净菜'服务一样，由粗放的告知性向'精加工'式的解释性转变。"《华尔街日报》总编辑认为："读者已经习惯从网络获取即时信息。报纸继续报道昨天发生的那些新闻已没有意义。而分析、深度、见解才是《华尔街日报》的核心竞争力。"[1] 其实这个思路与传统媒体转型融合媒体是一脉相承的，人们今天获取信息的途径较传统媒体时代的确增加了很多，为大家观点的汇集与碰撞提供了空前便利，但网民们由于观察角度不同，认知水平存在差异，偶尔会深陷于对信息难辨真假的囚笼中难以自拔。

二、培养对信息的研判和评说能力

全媒体时代，信息传播速度之快、意见之多是前所未有的，尤其在一些事

---

[1] 赵亚光、刘万松：《深度报道：扬传统媒体之优长》，载于《视听界》，2013年第6期，第87页。

件突发后各方声音不绝，公众对权威和专业评价的需求相当迫切。这要求记者在第一时间揭示真相，并做好把关人的角色，在众多信息中筛选出最急需报道的内容，把好信息研判关。同时，将传统媒体的评论延续至融媒体时代，在某些舆论事件中应发挥出媒体的教育功能，适时对某些现象进行评论。2020年新冠肺炎疫情初期，超负荷的信息量和庞杂的信息源使读者和观众因"假新闻"和"反转新闻"苦不堪言，受众不仅是新闻信息的获取者，更被迫成为新闻信息的辨别者，这时就需要专业的新闻团队奔赴一线，做权威报道。央视针对新冠肺炎疫情推出相关报道《战疫情特别报道》，从 2020 年 1 月 26 日起到 2020 年 4 月 30 日止，每天都会进行至少两场报道，内容包含最新疫情数据资讯、辟谣、专家采访、防治措施、火神山和雷神山医院基建情况、各方舱医院的设置等，全方位多角度对疫情期间的庞杂信息进行分析和梳理，为疫情时期的中国民众提供了最权威的信息。

三、掌握整合信息报道技术的能力

记者在完成对信息的梳理求证和研判评述之后，还需掌握报道信息的技术，根据信息的不同类型和传播需求进行选择。综合多方观点，融合报道使用的技术类型及其表现形态主要有以下三种[1]：

1. 多媒体的载体形式

根据对信息的判断进行载体选择，融合文字、图片、音频、视频等多媒体表现手段完成传播，如时效性要求高的信息使用短消息加图文短视频传播，时效性要求一般的则选择文字或视频方式，而无时效性要求的可以采用慢直播等。

2. 数据新闻可视化

数据作为信息表达形态和呈现方式的一种，一直以来都是新闻报道的重要组成部分。经过搜寻、筛选、呈现等阶段，通过对数据的洞察，传达出数据对用户的重要意义和价值。数据新闻可视化简单来讲就是将复杂数据、海量数据呈现得更加生动、可感，互动性更强。比如地图可视化，更加注重对新闻发生的地理信息的获取、挖掘和呈现，或者直接基于地理信息和地图来建构、整合融合报道专题。反映不同地区的人口变化、水污染的现状、经济发展的差距等，都可以通过地图化分析来实现，让用户一目了然。在可视化的数据新闻里，数据并不是一成不变的，而是可以通过交互设计的手段使静态数据可用、

---

[1] 《新闻采访与写作》编写组：《新闻采访与写作》，高等教育出版社，2019年。

可玩、可变化，真正生成交互式图表。随着用户自主意识的选择，信息呈现方式和内容也随之改变，数据新闻既能直观地实现新闻信息的视觉传达，也能让用户在点击的过程中享受到互动的乐趣。

3. 社交与互动

整合社交媒体上公众的评论或跟帖，对这些内容进行精选，将它们整合到融合报道中来；同时，也将优质的融合报道推广和扩散到社交媒体上，从而吸引更多用户阅读和点击。一般在融合报道专题中，通过抓取技术可实现社交网络内容的实时化呈现。

融媒体时代信息冗杂难辨，在培养洞察梳理、研判评说信息的能力之后还应掌握对已有信息的报道呈现能力，利用全媒体和融媒体矩阵平台，将信息源以最佳方式呈现给受众。融媒体记者应做好全媒体人才，既要掌握对信息的梳理能力，更要有处理呈现能力，用好"融"的这个大平台，灵活机动地将信息更快、更准、更好地传递出去。

思考和练习

一、融合报道等同于"全媒体报道"吗？

二、以某个近期发生的新闻为例，谈谈是如何体现融媒体新闻思维的。

三、融媒体新闻信息采集和运用与传统电视媒体新闻相比有哪些异同？

四、以某地发生暴雨洪涝灾害为案例，设计一个融合报道的方案，包括信息采集、筛选、甄别、报道方式和传播平台等。

第七章　融媒体新闻写作

融媒体新闻写作是融媒体新闻深度融合发展过程中必备的技能。融合媒体内容多元、渠道多重、技术多种、受众多样，传播速度快、时效性极强，具备灵活的互动性传播特点。新闻写作要遵循新闻写作的基本原则、基本要求和基本格式。

融媒体新闻写作形式灵活、渠道多样、语言活泼，但是其依然秉承传统新闻写作求真务实的原则。记者是一份崇高的职业，肩上责任重大，李大钊先生曾谆谆告诫："铁肩担道义，妙笔著文章。"[①] 著名记者郭超人也曾说过："记者笔下有财产万千，笔下有毁誉忠奸，笔下有是非曲直，笔下有人命关天。"

第一节　融媒体新闻写作的基本原则

据中国互联网络信息中心发布的第 47 次《中国互联网络发展状况统计报告》，截至 2020 年 12 月，我国网民规模达 9.89 亿，互联网普及率达 70.4%。我国网络新闻用户规模达 7.43 亿，占网民整体的 75.1%；手机网络新闻用户规模达 7.41 亿，较 2020 年 3 月增长 1466 万，占手机网民的 75.2%。[②]

融合媒体新闻写作的思路、语言和表现方式要顺应时代发展需要，不断创新报道形式，为用户带来更直观、新鲜的新闻体验。与此同时，融合媒体平台不断吸纳人工智能（AI）、虚拟现实（VR）、增强现实（AR）、大数据、区块链等最新技术，打造传播矩阵，台、报、网、端、微协同联动，满足用户的新

---

① 该句系化用明朝中期著名谏臣杨继盛（1516—1555）的著名对联"铁肩担道义，辣手著文章"。

② 《第 47 次〈中国互联网络发展状况统计报告〉》，2021-02-03，http://www.cnnic.net.cn/hlwfzyj/hlwxzbg/hlwtjbg/202102/t20210203_71361.htm。

闻需求，提升用户体验，提高用户黏性，获得良好的新闻传播和舆论导向效果。

一、坚持正确的舆论导向

坚持正确的舆论导向，要把弘扬社会主义核心价值观摆在工作首位。新闻宣传把关要坚持弘扬社会主义核心价值观，坚持弘扬主旋律，坚守主阵地，用社会主义核心价值观引领社会思潮、凝聚社会共识。

习近平总书记指出，党的新闻舆论工作坚持党性原则，最根本的是坚持党对新闻舆论工作的领导。党和政府主办的媒体是党和政府的宣传阵地，要坚持党性和人民性相统一，把党的理论和路线方针政策变成人民群众的自觉行动。广大新闻舆论工作者要做党的政策主张的传播者、时代风云的记录者、社会进步的推动者、公平正义的守望者。[①]

党的宣传工作要树立以人民为中心的工作导向。2020年中国官方新闻发布工作，为打赢疫情防控阻击战提供了强有力的舆论支持，向世界展示了中国对人民高度负责的大国形象。

二、保证真实性和时效性

真实性是新闻的生命。只有始终实事求是地报道新闻事实，才能树立起媒体的公信力和权威性。在内容真实的基础上，要兼顾新闻报道的时效性。新闻媒体讲究"抢独家头条"，记者要有很强的新闻敏感，及时发现新闻线索并报道。

融合媒体报道速度快，覆盖面广，提升新闻报道的时效性与精准性，可以给受众带来全新的良好的阅读体验。2021年8时19分我国成功发射遥感三十号10组卫星，央视新闻微博视频最先报道（如图7-1），在卫星发射当天上午8点56分即发布了消息：

#我国成功发射遥感三十号10组卫星#今天8时19分，我国在西昌卫星发射中心用长征二号丙运载火箭，成功将遥感三十号10组卫星发射升空，卫星顺利进入预定轨道，发射任务获得圆满成功。点赞中国航天！（总台央视记者刘常连 杨弘杨）

[①] 《习近平在党的新闻舆论工作座谈会上强调：坚持正确方向创新方法手段 提高新闻舆论传播力引导力》，http://jhsjk.people.cn/article/28136289,2016-02-20。

图 7-1 我国成功发射遥感三十号 10 组卫星

同一题材，这则报道比人民网（09：09）早 13 分钟，比新华网（09：25）早半个小时，而光明网则到下午 13 点 27 分才发布同一新闻报道，时效性大打折扣，之前看过这条新闻的读者一般就不会再去阅读。对于消息来说，在保证新闻真实性、客观性的前提下，争取在第一时间发布新闻，满足受众对新闻新奇感的需求，是获得受众支持的关键。

2021 年 7 月河南发生水灾，新闻报道始终把保障人民群众生命财产安全，身先士卒、靠前指挥，迅速组织力量防汛救灾，妥善安置受灾群众，严防次生灾害，最大限度减少人员伤亡和财产损失放在第一位。人民网、新华网、光明网、河南省人民政府网及其微信微博账号等均在第一时间实时发布新闻，对指导防汛救灾发挥了积极作用。

三、增强互动和服务群众

新闻写作要"贴近实际、贴近生活、贴近群众"，针对本地化的新闻写作要突出本地特色，注重对本地民生、民意进行特色报道和展示，加强与本地读者的关联，积极收集本地受众的意见和建议，并及时反馈和处理。

例如，《为老区人民办实事｜一条留言，为大别山老区留守老人"解渴"》① 在配有近 1300 字报道的同时，还配有 1 分 11 秒的小视频，读来就亲切感人：

---

① 胡雨松、陈若天、唐嘉艺等：《为老区人民办实事｜一条留言，为大别山老区留守老人"解渴"》，http://leaders.people.com.cn/n1/2021/0719/c58278-32161401.html，2021-07-19。

6月22日下午,得知老人在家中用水难,郭大爷的儿媳陈女士在人民网"领导留言板"上给舒城县委书记留言求助。接到留言后,舒城县委县政府督查考核室立刻联系南港镇政府。6月23日下午,南港镇分管居民用水的负责人、自来水公司技术人员、郭店村支书到郭大爷家中研究自来水安装设计方案。实地勘测后,工作小组和专家讨论决定:在管道中间再增加一个增压泵。经过连夜施工,6月26日,自来水源源不断流入郭大爷家。

在视频的左下方,还有一个微信公众号"领导留言板"的二维码,扫描即可关注。"领导留言板"公众号旨在倾听人民呼声、汇聚人民智慧,自2006年创办以来,已促成解决200多万件民生问题,成为各级领导干部听取民意、集中民智、回应关切、推动工作的有力抓手,成为纾解社会矛盾、完善社会治理、密切干群关系、凝聚社会共识的重要平台。

由于受众群体文化水平不同,新闻稿件要确保用词简单明了,尽可能使所有人都明白所讲内容,可以根据新闻内容配发相关图片或视频,让受众在观看新闻时产生即视感。

又如,2021年7月受暴雨影响,河南多地出现内涝、洪水灾害,受灾群众多,困难多样,新华网、人民网和腾讯网及其客户端开通了"河南暴雨紧急求助专属通道",及时为群众排忧解难。受灾群众填写相关求助信息后,所遇到的困难会第一时间转交给相关部门解决。大灾之后防大疫,同年7月24日,新华网客户端《新华大健康》推出的河南暴雨健康互助专属通道紧急上线,全国各地上万名医生在线免费答疑,帮助河南暴雨受灾地区群众做好健康防护。上线当日,近千名医生参与答疑,健康互助通道访问量超3000万人次[1],及时为群众排忧解难,也减轻了医院的压力。

第二节 融媒体新闻写作的基本要求

融媒体新闻写作的基本要求是:第一,写作要有融媒体意识,包括树立全媒体传播体系的意识、技术创新和精品内容意识、贴近群众服务群众的意识;第二,形成多元传播视角,获取不同的新闻资源,根据新闻内容和栏目要求,不同的新闻体裁用不同的报道形式进行报道;第三,熟悉对外传播要求,有广阔的国际视野,创新新闻表达方式,报道丰富的内容,做好跨文化传播。

---

[1] 《〈新华大健康〉紧急上线河南暴雨健康互助专属通道,万名医生线上驰援》,http://www.xinhuanet.com/health/2021-07/25/c_1127692085.htm,2021-07-25。

一、写作有融媒体意识

融媒体平台积聚相关信息，向社会大众传播新闻，其容量突破了传统报纸的版面限制，大大拓展了新闻报道的深度和广度，有利于立体化地呈现新闻事件。比如采取系列报道、专题报道、深度报道和新闻述评等形式对重大新闻进行报道。

（一）树立全媒体传播体系意识

推进媒体深度融合，坚持正能量，优化管理，坚持一体发展、移动优先、科学布局和改革创新，推动传统媒体和新兴媒体融合。融媒体写作要主动适应融合媒体的发展，适应新技术的发展和广大受众的阅读习惯，积极引导舆论传播。

（二）技术创新和精品内容意识

以先进技术引领驱动融合发展，专注内容质量，创新内容表现形式，提升内容传播效果。人民网、新华网、光明网和中国青年网都在不断进行升级改造，创新报道形式，形成集约高效的内容生产体系和传播链条，提供优质新闻信息，为用户带来直观和新奇的新闻体验。

（三）贴近群众服务群众的意识

坚持以人民为中心的工作导向，强化媒体与用户的连接，深入生活、扎根群众，生产和传播群众喜闻乐见的新闻作品。用好客户端、用户社群、网络问政等联系群众平台，加强深度互动，吸引用户参与新闻信息等内容生产传播；促进新闻平台社交化的发展，将新闻平台和便民服务良好结合起来。

二、形成多元传播视角

由于受众的性别、年龄、文化程度、兴趣爱好各不相同，新闻阅读的目的各不相同。根据"使用－满足"理论，受众获取信息的目的多种多样：有的为了获取信息，有的为了消遣，有的为了增加谈资，等等。这就要求融媒体新闻以健康向上的内容满足用户需求，同时引导用户价值观。

（一）不同的新闻资源

新闻工作者要注重对各方面媒体新闻资源进行比较、审核和整合，筛选出具有新闻价值的内容进行传播。比如《行走川渝，两岸记者点赞"双城经济圈"》通过采访多方人士，从"人文交流牵起两岸""双城经济圈未来可期""优惠措施为台企添翼"等三个方面进行报道。

建设成渝地区双城经济圈是国家的重大战略部署。推动成渝地区双城经济圈建设，有利于在西部形成高质量发展的重要增长极，打造内陆开放战略高地，对于推动西部高质量发展具有重要意义。这篇报道借海峡两岸记者的视角，分三个部分将成渝地区双城经济圈政策具象化：第一部分选取最具川渝文化代表的熊猫、三星堆等作为重点，第二部分报道了川渝交界地带的川渝高竹新区软硬件设施，第三部分报道了针对台商提出的种种优惠措施。多维度的报道，让受众明白成渝地区双城经济圈未来可期。

（二）不同的新闻体裁

将不同新闻体裁的新闻整合起来，有助于扩大新闻的影响力，赢得更加广泛的关注。比如对河南省2021年7月的特大洪涝灾害，人民网就在"人民观点""社会法治""互动""人民视频"等不同栏目和频道，以及人民网客户端、微博进行了全面报道。涉及的体裁有文字新闻、视频新闻、新闻直播、新闻（政务）互动、新闻专稿等，让灾区群众和广大群众及时了解到河南的灾情，为救灾抢险营造了良好的舆论空间，动员社会各界的力量参与救灾和进行灾后重建。

除了以上新闻报道，人民网还在河南频道专门进行特别报道，全方位地展现中央和地方是如何齐心协力防止洪涝灾害。这为受众和有关部门及时知晓洪涝灾害的危害程度、救灾进度和薄弱环节提供了一手信息。

（三）不同的报道形式

不同的报道形式可以增加权威性、可读性和趣味性。对于一些重大题材，需要有科学合理的新闻策划，组织不同的记者加以全方位报道。如光明网全媒体对2020年两会的报道，分别以文化茶座、有声漫画、专家访谈、数据可视化（竖屏）、手绘视频等方式，从不同角度报道了人大代表和政协委员的意见或建议（如图7-2）。

图7-2　光明网全媒体2020全国两会报道图例

三、创新新闻表达方式

在人人都有智能手机的时代,每个人都可能是自媒体,他们每天面对新奇的生活,每天接触海量信息。浸泡在媒介环境中的人,对新闻的内容、形式鉴赏力更高,对新闻也更加挑剔。媒体从业人员要积极创新表达方式、传播手段,以网民喜闻乐见的形式,真实地呈现新闻,配以具有视觉冲击力的新闻现场照片,或者录制好的新闻节目,必要时辅之以VR、AR等互动效果。

(一)多元丰富的内容

随着生活节奏加快,碎片化的阅读时间如何在有限的版面和篇幅中传达出更多的信息,是新闻媒体应直面的问题。但是,优质的稿件仍然不乏读者,比如美国的《纽约时报》《华尔街日报》、国内的《南方周末》网络版就需要付费订阅。

新闻写作要根据新闻素材、媒介定位以及目标受众,融合电视、广播、报纸、网络等多种表述方式和语言风格,打造可读、可听、可看的新闻,在新闻来源与受众之间搭起沟通的桥梁。新媒体既要做常规消息报道,也要做深度报道,方能吸引并且留住更多"粉丝"。

(二)多元的呈现方式

融媒体新闻中心向用户提供精准、专业的阅览服务。网络新闻除了文本新闻,视频、音频、直播新闻都呈井喷式发展,在融合媒体矩阵上以人民群众喜闻乐见的方式广泛传播。融媒体新闻中心在新闻服务、知识服务、便民服务等方面保持高质量与高水准,传播力和影响力也空前增强。

新闻的形态不仅仅限于即时新闻如简讯、消息,深度新闻如新闻述评、新闻专稿,还有新闻评论等,而这些新闻形式还可能以图片、漫画、视频的形式展现出来。这样兼顾了新闻的浅显与深刻、事实与理论,让新闻更有层次感。

(三)传播要与国际接轨

在对外传播方面,网络媒体和社交平台同样肩负使命与责任。主动设置议题占领国际舆论主战场,是新时代网络媒体为构建清朗国际网络空间所做的努力,通过创新方式和合适的渠道,将新闻传播得更远,增强在国际舞台的话语权和影响力。

为了更好地配合对外交流,主流官方网站还同时提出多个外文版本,如新华网、人民网同时推出了英文、日文、法文、西班牙文、俄文、阿拉伯文、韩文、德文、葡萄牙文版本以及我国少数民族语言版本。光明网、求是网、中国经济网、中国青年网、中国网同样推出多个语言版本。

融媒体新闻要不断创新，做好国际传播，为更多的受众服务。习近平总书记指出："我们要把握国际传播领域移动化、社交化、可视化的趋势，在构建对外传播话语体系上下功夫，在乐于接受和易于理解上下功夫，让更多国外受众听得懂、听得进、听得明白，不断提升对外传播效果。"[①]

第三节 融媒体新闻的写作方法

新闻写作是记者的根本技能，直接反映记者的素质、水平、技能和知识修养。新闻作为新闻报道体裁主角，集中反映了新闻报道文体的一般写作要求。晋朝陆机在《文赋》中说："恒患意不称物，文不逮意，盖非知之难，能之难也。"[②] 写文章常常会苦于思想内容不能真实地反映客观事物，语言文辞不能把意思表达妥帖，知道应该怎样写，跟能不能写成这样，往往存在距离。要想精通基本新闻报道艺术，熟练掌握新闻写作技能十分关键。

主流媒体新闻编辑人员不停留于陈述客观事实的表层，挖掘、梳理、解释、分析新闻素材，将贴近生活、贴近百姓、贴近真实的新闻呈现给读者。融合媒体的写作要有网感，即在坚持新闻真实性、及时性的原则下，要善于在新闻语言选择、表现形式、传播渠道上进行创新，使其符合不同年龄和文化水平受众的阅读需求。

一、融媒体新闻的构成部分

融合媒体新闻通常由标题、导语、新闻背景、主体、结尾等部分构成。根据题材多少、新闻价值、预期受众、新闻社交化、多屏互动及媒体矩阵传播信息互补的特点，有时新闻背景、结尾等元素可以略去。这里主要探讨如何取舍材料和撰写新闻。

（一）融媒体新闻标题

一篇新媒体报道，能不能迅速吸引受众打开链接进入阅读，标题是关键。

[①] 《习近平：加快推动媒体融合发展 构建全媒体传播格局》，http://jhsjk.people.cn/article/30978511,2019—03—15.

[②] 陆机：《〈文赋〉并序》，见萧统编、李善注：《文选》，上海古籍出版社，2019年，第776页。

融媒体新闻的标题不像传统报纸新闻标题那么严谨,而是趋向口语化、通俗化、句子化,读来更加亲切。比如,2021年7月24日,清华大学学子杨倩在2020东京奥运会夺得首金之后,各家媒体从各个角度进行了全方位报道,除了报道比赛实况和成绩,还从杨倩的个人爱好、生活等方面着手报道,增加了生活气息,让新闻更具人情味。(见表7-1)

表7-1 融合媒体平台新闻信息产品工作流程

标题	媒体	发布时间
杨倩,奥运首金!	人民日报客户端	2021-07-24 10:16
中国军团开门红!00后小将杨倩夺东京奥运会首金	封面新闻	2021-07-24 10:16
首金!杨倩获得东京奥运首金	光明网	2021-07-24 10:35
首金!杨家弄村沸腾了!	新华网	2021-07-24 12:38:33
杨倩获得奥运首金,孙春兰代表党中央、国务院发来贺电	百家号·北京日报	2021-07-24 13:05
杨倩:妈妈,我想吃油焖大虾	新华网	2021-07-24 13:40:56
中央、省、市发出贺电 祝贺杨倩获奥运首金	百家号·宁波统战家	2021-07-24 19:28
奥运冠军、比心与美甲,中国"00后"选手杨倩射落东京奥运会首金	百家号·人民资讯(人民网)	2021-07-24 13:54

新闻标题写得亲切自然不等于哗众取宠、博人眼球的"标题党"。当前新媒体"标题党""三俗"等问题突出,"标题党"衍生出的虚假新闻,危害了新闻事业的健康发展。新媒体的标题需要反复打磨,做到言简意赅,标题字数不宜过长,也不宜过短,一般以20字符左右为佳,方便网络链接目录编排设计,更重要的是更符合受众网络阅读心理和行为习惯。

(二)融媒体新闻导语

新闻导语是新闻的开头,但又有特定涵义。一般说来,新闻导语不是按照事件原来的发展顺序去组织材料,而是把事件的高潮、结果放在最前面,通过事实简明地表达新闻主题,最简短的话概述报道主题中的核心内容,其作用在于引导读者阅读全文,继而就这一重要部分进一步展开具体阐述,形成对导语的支撑或扩展。

导语要引人入胜。一条好的导语,除了能抓住新闻的主题、突出中心,还要使读者产生非往下看不可的意愿。下面这篇选自《中国青年报》的《"边跑边穿白大褂，我忘了害怕"》① 记录了当时还是郑州人民医院新进研究生（7月22日免予试用直接录用）的试工人员于逸飞2021年7月20日在郑州地铁五号线跪地救人的感人故事，其导语是这么写的：

"来不及多想，我从包里掏出白大褂就冲了回去！"

当听到"救命！有没有医生？"的呼喊，已经安全逃生的于逸飞，又重回郑州地铁5号线负二层，他边跑边穿上白大褂。

"白大褂起了大作用！乘客看到有穿着白大褂的医生冲下来，有的鼓掌，有的喊'医生来了！医生来了！'这让我忘了害怕。"于逸飞说。

这样的写法是先声夺人，具有很强的新闻现场感。通过不假思索的语言，表现出于逸飞强烈的医者责任感。从心理学上来说，面对危难时第一时间的想法是发自内心的。在特殊情况下，导语不必具备5W要素，只要达到感人的效果即可，以最引人注目的语言吸引读者的注意。

2021年7月18日《成都商报》的娱乐新闻《2021成都国际音乐剧节8月开启　周杰伦作品音乐剧领衔》②，以周杰伦在电影《不能说的秘密》中斗琴的经典桥段作为由头，引起大众注意：

相信大家对电影《不能说的秘密》中，周杰伦斗琴的经典桥段记忆犹新。如今，这个精彩片段将以音乐剧的形式重现在成都舞台上……7月16日下午，2021成都国际音乐剧节新闻发布会在成都城市音乐厅戏剧厅举行。现场发布了音乐剧展演、音乐剧高峰论坛、音乐剧大师班以及世界经典音乐剧高清放映在内的四个主题单元的活动日程。值得一提的是，美国百老汇主创团队倾力打造的周杰伦作品音乐剧《不能说的秘密》也将于8月29日在成都城市音乐厅上演，正式拉开音乐剧节的帷幕。

这则新闻导语以周杰伦《不能说的秘密》引起大家注意，然后引出2021成都国际音乐剧节。在这则新闻中，"周杰伦""不能说的秘密""成都音乐"都是网络热词，利于搜索引擎抓取，获取流量，也利于人们关注。

（三）融媒体新闻主体

新闻的结构可以分为导语和主体两部分。在构思布局时，除了考虑和安排

---

① 许子威：《"边跑边穿白大褂，我忘了害怕"》，http://news.youth.cn/sh/202107/t20210727_13130803.htm，2021-07-27。

② 任宏伟：《2021成都国际音乐剧节8月开启 周杰伦作品音乐剧领衔》，http://scnews.newssc.org/system/20210718/001190973.html，2021-07-18。

好导语,还必须筛选合适的事实素材,把支撑、解释、阐述主题的材料合理组织起来。新闻要紧抓当前社会热点和焦点以及具有社会影响力的新闻事件,关注党和国家的大政方针政策报道、民生类新闻、文体类新闻以及社会新闻等热点话题。

在新闻写作过程中,记者不但要注重写作风格与笔法,还要充分考虑到读者的阅读体验与阅读感受。柏拉图说:"谁会讲故事,谁就拥有世界。"故事是新闻文本的内核,"讲故事最重要的就是将心比心,用感性的方式去传达理性",做到"入耳,入脑,入心"。①

从受众角度来看,故事化的新闻报道更具有吸引力,受众更乐于接受。新闻背景的位置也不一定要放在导语后面或正文中。有时将其置于开头更加引人入胜,比如《南方周末》的这则简讯《给月牙泉补水》②,将新闻背景置于新闻开头,呈现出月牙泉的珍贵与美丽,读来饶有趣味,接着用"然而"笔锋一转,直呈月牙泉一度"面临消失的命运",让读者产生非往下读不可的意愿。

位于甘肃敦煌市南约 6 公里的月牙泉,与鸣沙山、世界文化遗产莫高窟相映成趣,自然景观与人文景观珠联璧合,呈现出"沙漠第一泉"的月牙美景,还是敦煌生态"健康状况"的晴雨表。然而,从二十世纪七十年代开始,月牙泉湖面水位逐年下降,到九十年代末一度露出湖底,面临消失的命运。

2011 年,国务院批准《敦煌水资源合理利用与生态保护综合规划(2011—2020)》,直至 2018 年 7 月,补水工程完成建设。"月牙泉恢复补水工程"运行三年来,月牙泉水位稳步上升,消瘦的月牙形状日渐丰满,生态恢复工程效益初显。

这则简讯还配有 6 幅图,直观地阐释了敦煌月牙泉、党河水库及其上游、月牙泉补水工程的渗水场之间的关系。

(四) 融媒体新闻结尾

结尾就是新闻的末段文字,不过新闻并非必须要有一个独立的结尾。如果事实已经可以说明问题和表明新闻的价值,就不用再"画蛇添足"加上结尾。此外,体裁和结构形式也决定了是否需要常规的结尾。

新闻结尾可以采用的形式多种多样,但不论采取何种形式,都应该注意以下几点:

---

① 白岩松:《白说》(增订本),长江文艺出版社,2020 年,第 180—181 页。
② 《给月牙泉补水》,http://www.infzm.com/contents/209804,2021—07—18。

第一,紧扣事实不空泛。新闻是事实的报道,其结尾通常也阐述事实。苏轼在《答谢民师书》中说,文章"大略如行云流水,初无定质。但常行于所当行,常止于所不可不止,文理自然,姿态横生"。

第二,要增添信息。新闻结尾不是对前文的简单重复,而是以新闻事实来深化主题。请看《新华全媒+丨人类首次获取!祝融号火星表面移动视频来了》2021年6月27日的报道:

目前,天问一号环绕器在轨运行338天,地火距离3.6亿千米,祝融号火星车已在火星表面工作42个火星日,累计行驶236米,环绕器和火星车工作状态良好。

后续,火星车将继续按计划开展移动、感知、科学探测,环绕器继续运行在中继轨道,为火星车巡视探测提供中继通信,并开展环绕探测。①

第三,要启发诱导,不生硬说教。有道是"起首令人爱,结尾令人恋",就新闻而言,要能让读者从结尾所写的事实中有所领悟,回味不尽,印象深刻。新闻不是说教,而是以事实说话,不要试图向读者灌输某观念。对于负面报道,要给某些人以"当头棒喝"的警醒作用;对于正面人物事迹报道,要达到润物细无声的效果。比如2021年7月20日的《成龙献上"英雄帖"为奥运健儿送祝福》②结尾就让读者由衷产生敬佩之情:

成龙回忆23年前拍摄《我是谁》时从玻璃大楼向下疾驰跳跃的瞬间,依然表示"太阳穴一直跳",直言"为了拍片,我身上的伤痛已经无法计数了",但这些人们觉得不可能的付出都"值"。每一幕经典,不仅源于我们对动作电影的热爱,也来自于对自我的探索、对生命的尊重和对民族的荣誉。

(五)融媒体新闻背景

新闻是对新近发生的事件事实的报道。新闻背景就是同新闻的主要事实有密切关系的历史、社会、政治、自然、人物等相关资料。

1. 新闻背景的意义

新闻背景就是对生活中不断涌现出的新情况、新问题、新事物、新气象等添加一些具有注释功能的背景材料,让读者了解这些新的内容。如《云南省丽

---

① 《新华全媒+丨人类首次获取!祝融号火星表面移动视频来了》,http://www.xinhuanet.com/2021-06/27/c_1127602317.htm,2021-06-27。

② 《成龙献上"英雄帖"为奥运健儿送祝福》,http://www.xinhuanet.com/ent/20210720/e65428478a484abe98b3elcfb3ecde21/c.html,2021-07-20。

江华坪女子高级中学党支部书记、校长张桂梅——照亮大山女孩的梦想》①：

今年高考期间，云南省丽江市华坪女子高中校长张桂梅又登上了微博热搜，视频画面让人动容：她拖着病躯、忍着疼痛站在风雨里，为学生壮行加油；她躲进办公室、隔着窗户，目送学生高考结束离校，"年龄大了，还真受不了和学生面对面告别！"

扎根贫困地区40余年，张桂梅默默耕耘、无私奉献，创办全国第一所全免费女子高中，帮助1800多名贫困山区女孩圆梦大学，用教育阻断贫困代际传递，用爱心和智慧点亮万千乡村女孩的人生梦想。

如果缺乏必要的新闻背景，会让读者对新闻的影响迷糊不清。第二段的新闻背景说明了张桂梅登上热搜的原因：扎根贫困地区40余年，无私奉献，创办全国第一所全免费女子高中，帮助1800多名贫困山区女孩圆梦大学。这种扎根山区的韧劲和甘于奉献的高尚情操感动了众多网友。

2. 新闻背景的种类和作用

从功能来看，新闻背景的种类主要分为四大类，即说明性背景材料、注释性背景材料、对比性背景材料和提示性背景材料等。

（1）说明性背景材料。"为何"是新闻事实五要素之一。说明性背景材料是用来说明和解释新闻事实产生的原因、条件和环境，以及人物的行为活动的真实素材，借以说明或深化新闻的本质意义。

说明性背景的材料很广泛，如历史背景、地理背景、人物背景等。比如，2021年7月20日《证券日报》报道的《北京等五城市率先开展国际消费中心城市培育建设》②：

商务部部长王文涛7月19日宣布，经国务院批准，在上海市、北京市、广州市、天津市、重庆市，率先开展国际消费中心城市培育建设。

国际消费中心城市是现代国际化大都市的核心功能之一，是消费资源的集聚地，更是一国乃至全球消费市场的制高点，具有很强的消费引领和带动作用。据不完全统计，此前已经有北京、上海等20多个城市提出建设国际消费中心城市来推动消费升级。

---

① 《云南省丽江华坪女子高级中学党支部书记、校长张桂梅——照亮大山女孩的梦想》，http://edu.people.com.cn/n1/2021/0717/c1006-32160739.html，2021-07-17。

② 刘萌：《北京等五城市率先开展国际消费中心城市培育建设》，https://economy.gmw.cn/2021-07/20/content_35007552.htm，2021-07-20。

该报道在导语中对"国际消费中心城市"进行了诠释,并且指出其"具有很强的消费引领和带动作用",提出建设国际消费中心城市者多达20多个城市,显示出其重要性。

(2)注释性背景材料。注释性背景材料就是对某个新闻事实涉及的材料进行注解或诠释。例如,《光明日报》2021年7月20日的报道《我国时速600公里高速磁浮交通系统下线》①就在第二段揭示我国高速磁浮交通系统的研制始于何年、解决的难题是什么、取得了哪些成果。

本报青岛7月20日电(记者刘艳杰 通讯员邓旺强)20日,由中国中车承担研制、具有完全自主知识产权的我国时速600公里高速磁浮交通系统在青岛成功下线。这是世界首套设计时速达600公里的高速磁浮交通系统,标志着我国在磁浮领域取得重大创新突破。

据悉,时速600公里高速磁浮交通系统的研制于2016年10月启动,历时5年攻关,成功攻克关键核心技术,系统解决了速度提升、复杂环境适应性、核心系统国产化等难题,实现了系统集成、车辆、牵引供电、运控通信、线路轨道等成套工程化技术的重大突破。

该背景材料指出了时速600公里高速磁浮交通系统的研发时间、解决的难题、突破的重大问题,以此来说明这种交通系统的重要性。

(3)对比性背景材料。对比性背景材料指的是对事物进行对比衬托,以突出新闻事件的意义、主题,帮助阐明某种观点的背景材料。新闻要用事实说话,离开对比性背景材料的运用就会捉襟肘。比如《南方都市报》搜狐号报道的《远离濒危,大熊猫和藏羚羊的"降级"之路》②:

这两个月来,大熊猫、藏羚羊的受威胁程度等级相继降级。

7月7日,生态环境部宣布大熊猫的受威胁程度等级从"濒危"降为"易危";8月10日,国家林草局发布消息称藏羚羊的受威胁程度等级从"濒危"降至"近危"。

根据新闻背景的数据对比得知,两者降级得益于生态保护加强和生态环境改善,大熊猫和藏羚羊的野外种群数量有较大的恢复。"1988年左右,大熊猫

---

① 刘艳杰、邓旺强:《我国时速600公里高速磁浮交通系统下线》,https://epaper.gmw.cn/gmrb/html/2021-07/21/nw.D110000gmrb_20210721_8-03.htm?spm=zm5056-001.0.0.1.y6hSuv,2021-07-21。

② 《远离濒危,大熊猫和藏羚羊的"降级"之路》,https://www.sohu.com/a/483094428_161795,2021-08-13。

种群数量减少至1114只",而今"大熊猫野外种群数量达到1800余只（不包含熊猫幼体数量）";"从1995年至2021年，藏羚羊数量从不足7.5万只，增加至约30万只"。

（4）提示性背景材料。对比性背景材料与提示性背景材料还有一个重要的区别，就是对比性材料在使用手法上是反衬的，即从事物的对立面入手来挑选背景材料。提示性背景材料只是将新闻事实的某些见解暗示给读者，引发联想。这些内容既可能是对立的判断，也可能是相关的类比。如澎湃新闻《德堡"病毒暗史"：起底美国德特里克堡生物实验室》[①] 2021年7月7日头版关于德特里克堡"病毒暗史"的报道，有力地反驳了美国的新冠病毒甩锅荒谬论调，其中有这样一段文字，揭示了美国在病毒研究方面不为人知的秘密——

3月末，新冠肺炎疫情在全美多地暴发的同时，美国马里兰州德特里克堡陆军传染病医学研究所（USAMRIID）悄然全面恢复了运行。值得注意的是，在疫情暴发前的去年8月，这所在历史上劣迹斑斑的实验室突然被要求关闭。

作为美军曾经的生物战研究基地，德特里克堡实验室在上世纪中期不仅接手了侵华日军731部队沾满数千人鲜血的生物战资料，还曾研究并储存了五花八门的致命生物武器，甚至被曝试验进行精神控制的"洗脑术"。

二、融媒体新闻的结构形式

融媒体消息的结构形式多种多样，不同的结构形式适合不同的新闻内容、新闻阅读终端和新闻受众。这里介绍几种常见的消息结构形式。

（一）倒金字塔式结构

倒金字塔式结构是消息最常见的结构形式。这种结构的特点是按事实重要程度递减顺序来安排新闻材料。这种结构格局前面重、后面轻，上头大、下头小，所以称作"倒金字塔"。它产生于19世纪60年代美国南北战争时期，以适应当时报纸新闻编辑求快求新的需要。

按倒金字塔式结构的特点，在写作上最应注意的就是记者对新闻要素和内容的主次轻重的判断，按其重要程度排列各个素材形成一篇报道。这种结构形式的消息，一般都是用第二代导语，以便将部分最重要的新闻要素置于最前，其他要素在主体中逐渐补充。

[①] 《德堡"病毒暗史"：起底美国德特里克堡生物实验室》，https://view.inews.qq.com/a/WLD2020070700837700，2021-07-07。

倒金字塔式结构段落短小，往往是一两句话一个段落。各段落之间不需要过渡转承，只需注意其内在逻辑的联系，显得干净利落。

（二）时间顺序式结构

这种结构完全按照事件发生的顺序来写，事件的开头就是新闻的导语，遵从事情的开端、发生、发展、高潮、结局顺序。

这种写法具有一定的故事性，采用时间顺序讲述，直接还原了新闻事件的始末。将新闻事实最重要的内容置于篇末，或引发读者产生共鸣，或促使读者期盼"下回分解"。由于篇幅不长，加之新闻标题吸引人，采用这种方式写作并不会减弱新闻的吸引力。

（三）沙漏式结构

沙漏式结构实际上是将倒金字塔式结构和时间顺序结构相结合的形式，它吸取了二者的长处，避开二者的短处。这类新闻的导语常简略地提到报道的主信息，但仅是梗概而已。欲知新闻背后的新闻如何，读者自会循着新闻叙事往下看。

沙漏式结构与倒金字塔结构的区别是什么呢？

倒金字塔式比较适合事件类新闻，所谓倒金字塔式，就是上大下小——最重要、最精彩、最新鲜的信息放在最前面，然后按照事件重要性递减的顺序安排；沙漏式结构是一种两头大、中间小的结构方式，比较适合事件性强、现场感强、具有可看性的电视新闻报道。

为了增加新闻的可读性，可以把最鲜活的故事或现场放在前面，但并不交代事物的全貌，而是略有收敛，留待后面展开叙述。

（四）积累兴趣式结构

倒金字塔式结构是在新闻报道实践中形成的一种新闻报道结构，固然有其易于编辑、重点突出的优点，但其单一的形式又限制了新闻叙事的多样性。

积累兴趣式结构是与新闻写作相适应的。不像倒金字塔式结构那样开门见山，积累兴趣式结构报道中，新闻事实通常渐次展开，让读者在兴趣的积累中完成对新闻事实的了解。因其材料的趣味性从导语至结尾递增，故名积累兴趣式，如《"弃北大读技校"，周浩十年"歧途"》[①] 开头部分。

---

① 黄哲敏：《"弃北大读技校"，周浩十年"歧途"》，http://www.infzm.com/contents/210161，2021-07-25。

"弃北大读技校",周浩十年"歧途"

作者:南方周末特约撰稿 黄哲敏 2021-2-24

周浩又在短视频平台上看到了自己的故事。

10年前,他从北京大学退学,转学到北京工业技师学院(以下简称"北工业")——一家以培养高级技工、技师为主要任务的综合性职业教育培训学校。一篇偶然的新闻报道,给他打上"弃北大读技校"的标签,他的经历从此广为人知。

周浩谢绝了后续所有采访。但这些年间,他最初被公众记住的信息,依然以各种形式在互联网上传播。一旦碰到合适的话题,他的经历又会被翻拣出来,重新包装,供公众反复咀嚼。

"见证一位'北大叛变者'的离去""用社会的残酷逼这个'浪子'回头""天之骄子落凡间"……网友肆意评论着周浩10年前的选择,但很少有人知道他的现状。

接着,报道又从"我很少去想当年对不对""离开象牙塔""新天地""职业危机""老师的老师"等几个方面对其进行了报道,讲述周浩弃读北大,选择北京工业技师学院学习数控专业而"逆袭"的故事,结合主人公的个性、北京工业技师学院老师的关心以及国家的政策等,刻画出一个敢于坚持梦想的平凡而不平庸的故事。

积累兴趣式的结构方式,与时间顺序式结构有相同之处,就是故意在导语中暂时隐藏一些新闻事实,借以吊起读者的胃口。使用这类结构方式,同样应结合内容考虑,让结构服务于报道内容。

(五)《华尔街日报》体

《华尔街日报》体遵循一个固定的模式:从具体到一般。文章先从一个小故事或者一段描述开始,然后内容逐渐铺开,讲出千万个类似的故事。

在这里,记者会用一段被称为"核心段"的文字阐明报道目的,并说明这个故事为什么重要。后面展开的内容提供了对文章主题的各种支持证据。文章结尾,记者会使用直接引语或一个小故事,回到文章开头,旨在引发读者思考。

(六)并列式结构

这种结构中各部分之间呈并列关系。由一条概括式导语领起,主体部分的几个自然段呈并列形式。如2021年7月21日人民网的报道《东京奥运会在即开幕式发生了这些变化》①。在正文部分，记者分别从以下八个方面进行了采访和写作：

◇开幕式文艺表演简洁朴素　加入日本传统祭祀元素
◇奥运主火炬点燃方式备受期待　最后一位火炬手较大可能为女性
◇按日语"五十音"排出场顺序　中国代表团第111个出场
◇各代表团首派一男一女两名旗手　日本首设一男一女两名队长
◇宣誓环节变化较大　奥运誓言大幅修改
◇日本自卫队飞行队"蓝色冲击波"开幕当天进行飞行表演
◇日本天皇将独自出席奥运会开幕式　皇室成员不现场观赛
◇开幕式空场举办　出席人数缩减至千人以下

正文从八个方面讲述了东京奥运会开幕式的变化和看点，呈现出东京奥运开幕式的框架与看点预览，既满足了受众的信息需求，又为后续的新闻报道埋下伏笔，吊足了受众的胃口，让人产生一口气读完的渴望。

新闻的结构形式远不止这几种。不断推陈出新是文章写作的规律，新闻报道同样如此。创新原则要求报道不要囿于某一结构形式，无论采用什么结构进行写作，都要根据新闻素材和新闻价值来调整，其目的都是让新闻具有足够的生动性，在一开头就吸引住读者。

三、融媒体新闻写作的方法

新闻以报道"何事"为主。不同的新闻写法各有特点。新闻类型通常分为动态消息、简讯、特写性新闻（新闻素描）、评述性新闻、经验性新闻、综合新闻、人物新闻，等等。此处不打算按照一般分类方法，而是按事实的性质将以"何事"为中心内容的报道分为事件性新闻、非事件性新闻两大类来简析。

（一）事件性新闻与非事件性新闻

事件性新闻以一个独立的新闻事件为核心而展开新闻报道，强调新闻的时效。事件性新闻包括大量的动态新闻和现场特写性新闻等，把握事件的个性特征和本质。

非事件性新闻就是对一段时间内诸多事实、情况、事件的综合反映，揭示事件的总体情况、倾向或经验等，非事件性新闻的特点是点面结合，以点证

---

① 孙璐、滕雪：《东京奥运会在即　开幕式发生了这些变化》，http://ent.people.com.cn/n1/2021/0721/c1012-32165216.html, 2021-07-21。

面，以面为主，反映事物发展变化中的阶段性、倾向性、经验性或典型性，如典型报道、综合消息、经验消息、述评消息等。

（二）事件性新闻写作

1. 一事一报式报道，即对新近发生的单独事实的报道

一事一报式报道，大致对应一般所说的纯新闻、动态消息，即新近发生的单独事实的报道。这样的新闻事实，时效性强，报道得越快，传播价值越大。要写好这类报道，关键是要抓准"何事"。"何事"即整个报道的主信息。在此基础上，再突出或强化新闻事实中最有价值的内容，必要时添加适当背景材料即可。下面分别加以阐述：

（1）增强"何事"意识，确定报道的中心。一事一报式的报道，一定要有将"何事"作为报道中心的意识。这类事实的报道时效性强，往往要求开门见山直述其事，导语中自然就要包含"何事"。

请看参考消息网报道的一则简讯《完成任务！祝融号将继续探索火星》[①]，仅仅用百余字就讲出了祝融号火星车完成既定巡视探测任务的信息：

记者刚刚从国家航天局获悉，截至8月15日，祝融号火星车在火星表面运行90个火星日（约92个地球日），所有科学载荷开机探测，祝融号圆满完成既定巡视探测任务。后续将继续向乌托邦平原南部的古海陆交界地带行驶，实施拓展任务。

（2）精选报道角度，突出报道主信息。确定了以"何事"为中心，接下来就是要从众多的信息中确定"主信息"。报道角度的选择既要挖掘事实的新闻价值，又要努力满足读者的需要。其他信息可根据需要做详略取舍。

（3）选背景材料，组织选择其他信息。主信息确定之后，开始站在受众的角度考虑是否需要新闻背景材料——有关新闻事实的历史、信息、环境等知识或说明。新闻的主体功能主要表现在两点：一是具体展开新闻事实，二是补充说明导语未提及的信息。如《被生态环境部点赞！解码"成都蓝""雪山白"》[②]：

8月18日，国务院新闻办公室举行建设人与自然和谐共生的美丽中国发

[①] 《完成任务！祝融号将继续探索火星》，http://www.cankaoxiaoxi.com/china/20210817/2451481.shtml, 2021-08-17。

[②] 《被生态环境部点赞！解码"成都蓝""雪山白"》，http://sc.people.com.cn/n2/2021/0818/c345509-34873576.html, 2021-08-18.

布会。发布会上,生态环境部部长黄润秋在谈到蓝天保卫战目前取得了哪些成绩时,介绍了近五年成都市PM2.5浓度下降了约36%。黄润秋说:"这几年,不断地有同事、朋友给我发来图片、发微信朋友圈,就是坐在成都的家里在窗户边拍的西岭雪山,清清楚楚。如果你运气好,偶尔还能拍到百公里之外的贡嘎雪山,这就是大气环境改善实实在在的效果。"

黄润秋在发布会上表示,最近这几年,我们头顶上天空的"颜值"一年比一年高了,一年比一年好看了;我们呼吸的空气,一年比一年清新了;老百姓对蓝天白云、繁星闪烁带来的幸福感也一年比一年增强了。他认为,这背后,是各地区、各部门、各方面协同作战、合力攻坚、久久为功的结果。

近年来,成都市践行新发展理念,突出公园城市特点,实现了规划理念、发展方式、营城路径全方位深层次变革,在城市看到雪山的概率越来越高。

在这则新闻中,第二段是对导语的补充说明,第三段则介绍了成都近年来天气变好的原因:成都市践行新发展理念,突出公园城市特点,实现了规划理念、发展方式、营城路径全方位深层次变革。

2. 一事多报式报道的写作

一事一报式的报道方式,往往是待事件结束后再进行报道。这时事实的各个要素及各方面的相关信息都已明朗,所以报道内容完整、准确。在下列三种情况下,一事一多报式的报道方式就显得过于拘泥,不能满足读者迅速获取信息的需要。

(1) 对于时效性特强的事实,必须第一时间报道;

(2) 事件时间跨度较大,分阶段报道;

(3) 已有媒体抢先报道,但是一些亮点、重点没有报道或挖掘不深。

(三) 非事件性新闻写作

1. 多事一报式报道的写作

多事一报的新闻最典型的是综合性报道。此外还包括常说的经验新闻、述评新闻等。

(1) 寻找一个新的时间由头来写。非事件性新闻时效性远不及事件性新闻强。因此,从写作技巧来看,就要找一个新闻由头来解决报道的时间根据问题。从同类事实中找出"最近发生的"一个,满足了新闻报道的时效性要求。

(2) "借题发挥",以点带面。报道一个新近发生的事实,"借题发挥",以点带面，以一斑窥全豹，呈现给读者一个多维的、丰富多彩的世界。通过一个关键的新闻事实，反映出全局的情况。

（3）选取一个特殊的视角来展示。对于报道内容多、涉及范围广的综合性报道，一个好的叙事视角会让新闻报道新颖生动。"点"是新闻事实；"面"是新闻背景，是"点"上事实产生的土壤。但是，报道中新闻背景成了全文所要窥视的"豹"，成了重点展示的对象。如《南方周末》新闻报道《荒漠猫：地球上最神秘的猫科动物神秘正消去，研究仍不足》①（节选）：

最新一项研究表明，最早的家猫约一万年前由非洲野猫驯化而来，大橘、三花、小黑、阿白等等常见的中国家猫，也是非洲野猫的后代。

串起这项研究的，是地球上最神秘的野猫——荒漠猫。

它们的样子仿佛精灵。黑色瞳孔嵌入蓝色的眼眸，一簇毛从猫耳尖伸出，好像长出一对角，在阳光下泛出橘红色。它拥有灰褐色到棕红色的皮毛，柔软的尾巴末端有3—5个黑色圆环。仅在青藏高原一个相对狭小的范围里生活。

这则新闻从非洲野猫说起，提到了最神秘的野猫——荒漠猫，并且介绍了它的物种特征，引起读者继续读下去的兴趣，增强了新闻作品的传播力。

（4）直接展示面上的材料。这种写法适合于横向的综合报道。这类报道所综合的面一般都相当广，涉及的材料范围大，"面"是由许多具有典型性的一般事实构成的。这类报道类似"风貌通讯"，是一种类似见闻式的报道。这类报道特别适合于高屋建瓴式的综合，所以其"点"上的材料可能就是综合了几个方面的内容。

（5）从概说到分说的"总分式"。"总分式"的写法，具体表现主要有两种情况：或是由数据到事例，或是由宏观到微观。一般是先概要介绍整体情况，再具体展开。多事一报式报道是将诸多同类事实写成一篇报道，而多事多报是将诸多的事实写成系列报道或组合报道。

2. 多事多报式报道的写作

（1）系列报道。系列报道是指围绕某一主题信息，从不同角度、不同侧面所进行的多次性报道。简要地说，系列报道的写作应注意如下四个方面问题：

一是要有涵盖性很强的主题来综合组织全部报道内容；

---

① 林方舟：《荒漠猫：地球上最神秘的猫科动物神秘正消去，研究仍不足》，http://www.infzm.com/contents/210158，2021—07—25.

二是多侧面或多层次展示和表现主题,不重复或重叠表现主题;

三是注重系统内部的组合效应,完善系列报道的整体结构;

四是尽量将各篇报道以一种形式上的一致性加以联系。

例如,新华网2021年6月18日记者林德韧作的报道《"后疫情时代"的体育产业——新华社体育产业系列调研》①,分四个方面对"后疫情时代"的体育产业做了全方位报道:

❖复盘2020,疫情影响下体育产业的苦辣酸甜——体育产业系列调研之一

❖疫情重击,体育服务业的自我救赎——体育产业系列调研之二

❖打破天花板,体育产业探寻"全产业链"发展新模式——体育产业系列调研之三

❖奔向"五万亿",体育产业距离成为"支柱"还有多远?——体育产业系列调研之四

(2)组合报道。组合报道是将同一主题但不同内容、不同形式、不同来源的新闻稿件组装在一个版面上,让读者从稿件的整体联系和对比反差中理解新闻事实的意义。组合报道是编辑、记者集体智慧的结晶,是各方面通力协作的结果。

例如,2021年7月23日《四川日报》的新闻报道《驰援河南!强降雨牵动人心 各路川军星夜行动》②:

> 据河南省应急管理厅发布,截至7月22日4时,强降雨造成河南省103个县(市、区)877个乡镇300.4万人受灾,因灾死亡33人,失踪8人。目前,河南全省已紧急避险转移37.6万人,紧急转移安置25.6万人。农作物受灾面积215.2千公顷,成灾面积77.9千公顷,绝收面积10.3千公顷。
>
> 河南强降雨,也牵动着四川人民的心。
>
> 灾情发生后,来自四川的救援力量星夜赶赴河南,参与抢险救灾,保障人民群众生命财产安全;参与保障供应与捐赠,尽快让生活和家园恢复正常。《四川日报》全媒体特派记者李欣忆、郝飞22日晚飞抵郑州,在现场为您发回报道。

---

① 林德韧:《"后疫情时代"的体育产业——新华社体育产业系列调研》,http://sports.xinhuanet.com/topic/2021tycy/index.htm,2021-06-18.

② 李欣忆、唐泽文等:《驰援河南!强降雨牵动人心 各路川军星夜行动》,http://zq.newssc.org/system/20210723/001192428.html,2021-07-23.

这组报道正文围绕四川人民驰援河南这一主题,分别从"保供""排险""捐赠""记者手记"等四个方面,组合六篇文章进行了较为全面的报道。

【保供】

电力抢险四川来了支200人的队伍

(《四川日报》全媒体记者 李欣忆)

提供应急通信翼龙无人机带来5小时手机信号

(《四川日报》全媒体记者 唐泽文 罗之飏)

【排险】

抽水排内涝20小时水位下降约4米

(李瑞超 罗希 《四川日报》全媒体记者 郝勇)

丹棱志愿者开车16小时赶到河南

(《四川日报》全媒体记者 魏冯)

【捐赠】

川企送去"流动药房"郑州市民免费领药

(《四川日报》全媒体记者寇敏芳 田姣 石小宏 吴浩)

【记者手记】

郑州之夜

(《四川日报》全媒体记者 李欣忆 发自郑州)

总之,组合报道是由一系列相对独立而又有机联系的新闻报道"方阵",以一定的新闻主题或新闻意义将其连接起来。常见的组合方式有同类强化法、异类对比法、主次搭配法和言论串联法等,无论采用什么方式组合,目的都是更好地报道新闻,凸显新闻价值,进而引导社会舆论。

思考和练习

一、融合媒体消息标题如何处理好虚与实的关系?

二、新闻由头与导语写作有何关联?

三、新闻导语与主体的关系是怎样的?

四、怎样才能写好新闻结尾?

五、常见的新闻结构有哪些?

六、新闻背景在新闻中的意义是什么?

七、事件性新闻与非事件性新闻的主要区别是什么?

第八章 融媒体新闻的编辑与发布

基于融媒体对大数据、云计算和可视化等技术的综合应用，新闻产品正在快速实现从可读到可视、从静态到动态、从一维到多维的升级融合。在新闻的编辑与发布方面也逐渐向专业化媒体标准看齐，线上线下严格执行三审三校标准，大屏小屏互动，全方位覆盖受众，获得良好的覆盖率和新闻与舆论传播效果。

第一节 融媒体新闻编辑

融合媒体平台吸纳大数据、云计算、AI、AR 和 VR 等最新技术，集成广电、报纸、网络、移动互联网、客户端以及多家应用，成为"媒介的厨房"，具备采集、编审、发布和分析功能。表 8—1 是融合媒体平台新闻信息产品工作流程。[①]

表 8—1 融合媒体平台新闻信息产品工作流程

	工作流程	能力需求	岗位需求
采集	信息采集	信息采集、信息收录	记者
编审	策划指挥	技术应用	总编、策划、主编
	内容生产	信息分析、信息处理、策划创新	编辑、制作人
	内容审核	编审判断	责编、总编
发布	融合发布	数据分析、计划制定	数据分析师、播控、主持

---

① 《反思与超越·川传精品课程展｜融媒体实战，玩真的！》，https://mp.weixin.qq.com/s/u827LdMk7U815LDz6dC2ag，2019—12—30。

续表8-1

	工作流程	能力需求	岗位需求
分析	传播分析	数据分析、报告撰写	数据分析师、行业研究员

一、融媒体新闻编辑的基本原则

（一）舆情控制原则

应对网络舆情，需要在策、采、编、发等各个环节不断融入舆情意识。对舆情意识的重视和自我审查是针对网络评判的复杂性，让稿件更加接地气，接近它本来的面貌，使新闻报道发挥舆论引导和监督的作用。

媒体融合的发展正在使内容生产的要求趋同，对于传统媒体编辑来说，熟悉网络法规已经成为必修课。自2020年3月1日起施行的《网络信息内容生态治理规定》，将夸张标题、不当描述灾难等定性为不良信息，要求信息内容生产者采取措施，防范和抵制不良信息污染网络和社会环境。

（二）内容为王原则

高质量的内容是新闻发布的根本立足点和核心竞争力。坚持守正方可固本，积极创新才能致远。新闻内容的守正与创新缺一不可，融媒体平台应采写、编辑、发布新鲜有益的内容题材，满足受众需求，增强用户黏性。"进入互联网时代，人人都在聊转型，聊新媒体取代旧媒体。但是……内容为王就是一个不变的规律。"[①]

进一步梳理和整合新闻内容资源，通过融媒体的各种新平台按照受众需求进行针对性推送，从而吸引大量受众。如《人民日报》在进行融媒体平台展示的数字化升级中，按照突发新闻、经济新闻、政治新闻以及军事新闻等进行分类和索引，以满足不同受众群体的阅读需要。

在融媒体背景下对新闻内容进行创新，首先要提高新闻内容的吸引力。随着新媒体的快速发展，大部分年轻人改变了传统获取新闻内容的方式，越来越依赖手机等移动设备中的各大网络平台随时查阅最新的新闻内容。为了满足社会大众对新闻内容的要求，新闻编辑需要从不同的角度对新闻内容进行创新。清华大学教授王君超认为：

在经历了传统媒体时代的"渠道为王"、网络时代的"技术为王"、自媒体时代的"关系为王"的种种"修正"之后，融媒体的发展迎来了重提"内容为

---

① 白岩松：《白说》（增订本），长江文艺出版社，2020年，第183页。

王"的时代。

在媒介融合时代重提"内容为王",意味着在理解媒体融合深刻政治意义的前提下,壮大主流舆论阵地,提升主流媒体的舆论引导能力;意味着在全球化和社交媒体时代,以融媒体和融合报道打通"全媒体"、连接海内外,在国际传播中争夺话语权;意味着用海内外更喜闻乐见的话语方式和呈现方式讲好中国故事、传播好中国声音。①

《纽约时报》每年会花费上亿美元来刊发独家新闻内容,对于那些不愿意转型的媒体而言,如果只是一味地对新闻信息进行反复包装,将面临被时代淘汰的命运。

(三)台、报、网、端、微联动原则

新闻编辑在进行新闻剪辑、风格设计、页面编排等工作时,都应当与新的传播渠道相契合,保持各自媒介具有的特点,相对独立完整而又互为补充,以更加新颖、更贴近受众的新闻产品赢得受众好评。

融媒体就是充分利用媒介载体,在平台、技术、内容、渠道、传播、指挥、用户、运营、智能化等方面对传统媒体和新识媒体进行全面整合,形成新型的传播体系。融媒体应该紧扣当前新闻热点,综合文字、图片、图示、视频、直播等形式为人民群众排忧解难、答疑解惑。

二、融媒体新闻编辑创新途径

要想更好地吸引广大人民群众的关注,就要兼顾普遍受众的需要,既要选择具有较大影响力的新闻事件,又要选取贴近群众实际生活的社会新闻,做到新闻内容通俗易懂、老少皆宜,进而取得较高的收视率。

请看2021年7月26日新华社微博这一则消息《国家发改委:极端天气坚决即时启动最高等级响应》②:

国家发展改革委26日发布关于加强城市重要基础设施安全防护工作的紧急通知,要求按照最严酷的极端天气情况完善应急预案,建立第一时间响应机制。一旦出现极端天气等非常情况,要坚决即时启动最高等级响应,该停学的停学,该停工的停工,该停业的停业,该停运的停运,对隧道、涵洞等易涝区

---

① 王君超:《从"中央厨房"看媒体深度融合》,http://opinion.people.com.cn/n1/2017/0116/c1003-29025011.html,2017-01-16。

② 《国家发改委:极端天气坚决即时启动最高等级响应》,https://m.weibo.cn/status/4663192091885845?wm=3333_2001&from=10B6393010,2021-07-26。

段，要及时警戒并采取封路措施，有序疏散群众，杜绝侥幸心理，克服麻痹思想，防止贻误战机，尽最大可能保护人民群众生命财产安全。（记者 安蓓）

这则微博发布的时间正是2021年7月河南遭受严重洪涝灾害和台风"烟花"登陆东部沿海省份的关键时期。国家发展改革委员会发布了《国家发展改革委关于加强城市重要基础设施安全防护工作的紧急通知》（发改电〔2021〕213号），从以下六个方面提出了严格的要求：

✧立即开展灾害隐患全面排查。
✧抓细抓实应急防控措施。
✧抓紧完善落实应急响应机制。
✧坚决做好在建工程安全管控。
✧迅速开展抢险救灾和有序恢复建设运营。
✧层层压实相关主体责任。

可以看出，这则微博传达了国家发改委相关精神，很好地配合了抗洪抢险救灾。

三、融媒体新闻编辑素养

融媒体新闻编辑应该改变传统新闻编辑的角色，让自己成为新闻的策划者、主导者，不断从幕后走向台前，运用静态和动态相结合的方式，传播新闻精品。

（一）新闻编辑应具备的素养

为了避免发布虚假信息误导民众，广播电视编辑要做到在发布新闻稿件之前，确保新闻的可靠性和真实性。同时，还要深度挖掘新闻的价值，做到独具慧眼，挖掘出新闻背后的故事，提升新闻的社会意义。

新闻编辑应该具备分析新闻、评论新闻的能力，熟练使用文字、图片编辑软件和音频、视频剪辑软件，缩短撰写新闻稿件和后期制作的时间，保证新闻发布的及时性。

在融媒体时代，大数据技术、场景技术、人工智能等最新科技得到运用，新闻的形态和传播方式日新月异。融媒体新闻编辑应当坚守主流新闻媒体的职业道德准则，为受众提供真实、公正的新闻。

互联网技术的发展推动了我国媒介环境的整合升级，大数据技术、场景技术、人工智能等多种科技产物在这一时期得到充分运用，媒介融合时代已经到来。无论何种环境下，主流媒体新闻恪守公共性、追求真实性的本质不会发生变化。

（二）新闻编辑应服务公众

融媒体时代，主流媒体新闻编辑应当重构"走向公众"的思想，承担为公众挖掘真相、制约不良信息传播、维护正义的社会责任。新闻编辑要融合"草根"与"精英"新闻，发现、挖掘属于大众的信息。民生类新闻是普通民众最关注的一类新闻。新闻编辑应当针对报道编排现状，多报道医疗、教育、住房、交通等受众面最广的新闻，深度挖掘民生新闻内容，推出生活常识、创业就业方向等主题新闻报道，让广大民众喜闻乐见的民生新闻入耳、入眼、入脑、入心。

5G时代，视频已经成为传播的主导形式。新闻工作者不但要成为文字高手、图片专家，还应掌握视频新闻、直播节目的制作技术。如人民网人民视频的"融媒工作室"栏目包括"人民发布""人民日报评论短视频""谈图不凡""金台点兵""正青春""警观""及时雨""人民da卡""丝路融媒""美丽中国""小康融媒""税务融媒"等版块，表现形式有文字、图片、视频等，内容涵盖时政、军事、经济、历史、人文、教育、旅游、观点、产业、交流等领域。

（三）掌握融媒体时代话语权

融媒体新闻的传播形式正在发生重大变化，比如融媒体新闻编辑可以通过现场直播、VR新闻、数据可视化、大数据算法及时传播新闻并且获知受众新闻的栏目版块、使用终端、地理位置、年龄和性别分布以及留言、点赞、转发或弹幕等互动反馈。融媒体时代传统媒体话语权正在向新媒体转移，对于新闻工作者，这既是机遇也是挑战。融合媒体新闻编辑应当树立正确的新闻与舆论传播观，不断钻研新媒体新闻传播业务能力，做好新闻的采写、编辑与把关工作。贴近实际、贴近生活、贴近群众，才能真正做到将话语权牢牢掌握在主流媒体手里，营造风清气正的新闻传播与舆论环境。

第二节　融媒体新闻审稿

融媒体在发布新闻之前，都有一套严密完整的新闻审核制度，实行"三审制"，即责任编辑（制片人）审核、部门领导审核、总编辑审核，总编辑审核是最后一道关卡。而对于重要的媒体，如人民网、新华网，在坚持正确舆论导向的基本原则下，严格传统媒体与新媒体统一管理要求，严格执行三审三校，规范新闻标题制作和正文审阅校对；加强网络活动管理；完善问责机制。

一、融媒体新闻报道的审查

（一）做好新闻把关人

把关是新闻编辑的核心职能。在融媒体时代，新闻把关分为三大路径：编辑的动态把关与节点把关、系统把关与互动把关、创新把关与融合把关等。智能化新闻生产数据处理效率高，主要体现在能短时间处理海量图形、文字等各类数据信息，可以极大缓解传统编辑室当前人力、产量等方面的不足，有效应对移动互联网用户海量、多元的资讯需求。

开展常态化的大检查，对采编各层级、各环节坚持正确导向，切实履职尽责的情况进行检查，对采、编、校全流程执行情况进行检查，发现各个关键环节存在的突出问题。在编委会统一领导下进行舆情研判情况大检查，对采编各层级、各环节坚持正确导向，切实履职尽责的情况进行检查；对采、编、校全流程执行情况进行检查；对印刷各工序规章制度的执行情况进行检查；对编辑部与印刷厂之间按照已有规定进行衔接的情况进行检查。对策、采、编、校、检、发、排、印、发行全流程中各个关键环节存在的突出问题进行倒追，开展链条式检查。

（二）新闻把关新变化

媒体融合对传统媒体的冲击从表面来看是技术渗透下的资源整合，但归根结底则是新闻编辑把关的取舍。正确看待当前把关转型面临的困惑，分析和研究融媒体场域下的新闻编辑把关路径，具有价值引导作用。

1. 搜索引擎＋人工编辑聚合

多元价值观对传统媒体编辑把关的冲击力日益凸显。为适应媒体市场化，编辑必须时刻保持市场灵敏度，这就使编辑的把关倾向在市场竞争与多元价值观的双重裹挟下出现不同程度的摇摆。

2021年7月23日至8月8日，延迟一年举办的东京奥运会上，各路运动健儿竞争依然呈白热化，在百度搜索引擎使用"奥运""奥运会""奥运金牌榜"等关键词搜索的时候都会自动在搜索结果的上方加载专题网页（如图8-1）。

图 8-1　2020 东京奥运金牌榜（2021-8-8）

2. 技术渗透与人本观念结合

狭义的新闻编辑把关更多基于编辑长期的实践以及个人价值观对新闻信息的筛选。基于人本观念考虑和对新闻理想的追求，对新闻信息进行筛选反映出编辑的社会责任。与此同时，算法分发技术虽能强化信息把关，推进价值引导，但适用范围毕竟有限；AI合成主播、机器人写作虽能客观反映事实变动，但当前还是以辅助编辑工作为主，而且人工智能的背后还得依靠人。无论是节目的策划与统筹，还是信息内容的再创作，都需要人工智能深度参与，并以人本观念为指引。

媒体可以借助大数据和人工智能，构建和完善社会舆情数据库、案例库，提升自动化的信息抓取和语义分析能力，做到实时监控、实时提醒。例如，2021年7月河南突发严重洪涝灾害，受到极端降水影响，河南省内多处灾情告急。当"救命文档"[①]（腾讯在线文档）引网友纷纷点赞后，腾讯文档随即开发出"河南救灾专题"在线文档共计55个模板，其中有《河南洪灾紧急求助信息登记》《河南籍学生受灾情况调查》《河南籍员工家庭受灾情况统计》模板，让求助更加便捷，让科技服务于大众。此外，腾讯文档还及时推出新模板让网友使用更加方便。

（三）新闻把关新路径

融合媒体平台可以借助大数据和人工智能，构建和完善社会舆情数据库、案例库，提升自动化的信息抓取和语义分析能力，在微博、微信、客户端、传统采编等多平台发布舆情警示，多维度呈现，从而做到实时监控、实时提醒。

---

① 《上海财经大学学生创建"救命文档"引网友点赞》，https://mp.weixin.qq.com/s?__biz=MjM5OTU5MzcyMg==&mid=2653302120&idx=2&sn=66be6103a3c8ba2325fc71f8ee4e7245，2021-07-23.

1. 动态把关与节点把关

新闻编辑要想实现价值引导，就必须延伸把关链条，通过动态把关与节点把关衔接，将把关这一过程深入信息生产的全流程，树立系统筹划意识，与信息共生产，与舆论同变动。两种把关模式协同配合，不仅体现在新闻编辑深入挖掘信息变动的深层价值，还体现在打通内部资源，深入信息传播、舆论变化的关键环节，让资源相互流通，以创造更大价值。

就拿自媒体来说，企鹅号、今日头条、网易头条、搜狐号、百家号等在后台编辑功能设置了语法自动检测、修改建议等（见表8-2）。

表8-2 自媒体平台的语法自动检测、修改建议功能

自媒体平台	AI文章检测	备注
腾讯内容开放平台	诊断助手	(1) 目前诊断助手可支持诊断以下质量问题：标题党、错别字、图片质量不佳（含二维码、模糊、含水印、人脸过度裁剪等）、内容少或图片少等。 (2) 创作者点击诊断助手提出的建议可跳转至对应建议区域进行查看；点击"采纳"平台将为创作者自动按优化建议进行修改，无"采纳"按钮的建议须创作者根据优化建议自行修改；点击"忽略建议"将消失。
头条号	发文助手	(1) "标题党"检测功能。当检测到你的标题违反了《标题创作规范》，发文助手会及时给出提醒，避免因为标题问题被审核打压或下架。 (2) 错别字纠正功能。当检测到内容中有错别字时，发文助手会匹配正确的词汇，只需要点击修改或者一键修改，就可以让错别字全部消失。 (3) 文章配图推荐功能。当检测到内容中文字过多，没有配图时，发文助手会智能识别内容主题，推荐合适的配图。只需要点击任意一张图片，就可以快速将图片插入文中，向右滑动可以查看更多图片。
百家号	创作大脑	关键词指数 热点中心 热点日历 以文推图 近似图搜索 版权图片识别 错别字纠错 图片质量检测 图片清晰度提升 AI生成标题 图文转视频

续表

自媒体平台	AI文章检测	备注
人民智作	内容检测	检测标题是否存在违规风险 检测标题是否存在敏感信息 检测文章内容是否包含广告垃圾信息 检测文章内容是否包含色情垃圾信息 检测文章内容里否包含违禁涉政信息 检测文章内容是否存在谩骂、灌水等垃圾信息
网易头条	发文助手小易	检查以下项目：标题在5~30字内，有正文内容且设置了封面图
搜狐号	无	完全依靠人工审阅，通过速度稍慢
新浪看点	文章检测	文章检测仅帮助优化写作内容，不代表最终审核结果

比如，在人民智作平台，内容首先要经过人工智能检测，检测初步合格，内容可以发布，但是并不能在前台显示，还须等待人工二次审核，审核合格则予以发布，但是无法在线阅读。第一、第二审核阶段都只在后台检测，并不能公开在线浏览，只有通过三审且"加精"的作品才能公开发布。

2. 创新把关与融合把关

在融媒体时代，个性化的受众表达挑战编辑把关的话语权，情绪化的编辑行为促发后真相事件的传播，多样化的编辑平台增加编辑把关的技术难度。比如新闻稿《用爱心阻断贫困 数说我国乡村教师现状与困境》，图文并茂，具有很强的数据可视化效果。同时，由于网络的互联性、及时性以及信息保真技术的应用，台、报、网、端、微将新闻的编辑和审阅过程合二为一。

用爱心阻断贫困 数说我国乡村教师现状与困境[①]

编辑：马璐璐　设计：马璐璐　2021年03月31日 15：29：58　来源：新华网

乡村教师是乡村教育的核心和根本，乡村教师的生活状况和素质直接关系到乡村教育乃至整个乡村社会的发展。"时代楷模"张桂梅扎根乡村教育一线40余年，把1800多个山里女孩送进大学殿堂，用知识改变贫困山区女孩命运，用教育阻断贫困代际传递。乡村教育是民族振兴、社会进步的重要基石，乡村教师是乡村教育的核心和根本，乡村教师强则乡村教育强。

---

① 马璐璐：《用爱心阻断贫困数说我国乡村教师现状与困境》，http://www.xinhuanet.com/video/sjxw/2021-03/31/c_1211092126.htm，2021-03-31。

随后该报道分三个部分"数说乡村教师现状""乡村教师面临的困境""乡村教师后顾之忧越来越少",每个部分都用了直观而详尽的图示辅以文字表述,增强了新闻的可读性和易读性,如图8-2。

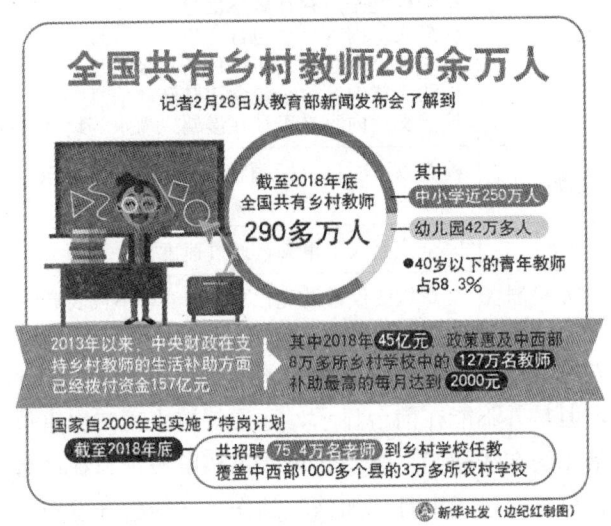

图8-2 数说乡村教师现状

数据的可视化依赖于新闻生产者对数据关系的视觉想象,而这种想象又受限于生产者自身的知识储备和想象能力。数据新闻的可视化过程就是一种视觉修辞实践。生产者通过充分调用颜色、形状、尺寸、位置等视觉符号语言,再造数据关系,为数据新闻确立一个通往现实认知的视觉框架,铺设一条明确的解读路径,让读者沿着其所设计好的方向"识别事实"。

根据融媒体的特点,创新三审三校制度线上线下实施办法,通过融媒体平台对电视台、报社、广播电台、新媒体等新闻节目进行严格把关,确保新闻的真实性、及时性及舆论导向的正确性,牢牢掌握新闻传播话语权。

3. 网络舆情与新闻编辑

网络舆情的发生具有随机性。对于发生网络舆情之后的稿件编排,编辑应该遵守新闻传播相关法规,积极主动地做好舆情引导工作。面对网络舆情,编辑应做好动态把关与节点把关工作。

传统的"三校"基本流程是:新闻稿件发排出样时,先由照排人员毛校,然后出初样,送校对室校对。校对人员对初样一般是一校、二校连校(由不同人负责)。初样经两校后,称为"一校样"。一校样经照排人员改样后出样,交校对室进行第三次校对,即责任校对。责任校对应负责校样的文字技术整理工作，监督检查各校次的质量，并负责付印前的通读工作。终校样经照排人员"灭红纠错"后出的新样，就是清样。

二、新闻稿件的审校与把关

根据融媒体的特点，创新三审三校制度线上线下实施办法，通过融媒体平台对电视台、报社、广播电台、新媒体等新闻节目进行严格把关，确保新闻的真实、客观，舆论导向正确。

（一）坚持三审三校

目前，无论是电视台还是报社、广播电台、新媒体等，对内容的播出或发布都有一套审核制度。我国实行的是"三审三校制度"，即稿件提交之后，要切实做好初审、复审和终审以及三校工作，各个环节缺一不可。在电视台，新闻节目的审核最为严谨。

1. 严格履行"三审"

融媒体中心平台对不同类型的媒介内容采取归口审核的办法。中心平台的内容审核功能不仅齐全而且强大，首先是完成生产和发布过程中的多级审核；其次是管理发布渠道；再者是支持版权保护和对开放内容管控权限的第三方发布渠道实行一键撤稿；最后是覆盖与更新内容分发网络平台（CDN）的内容缓存，同时具有宣传管理部门要求的其他控制功能。

人民号目前实行机器审核+人工复审，每天需审核文章约2万条，这就要求审核人员具有专业的水准。人民号注重对从业人员的培训，对5W要素缺乏、逻辑错误明显、情节过于离奇的新闻多予注意。同时，还引入传统媒体惯用的信息核实手段，如第一信源原始链接核实、多信源取证、与新闻当事人或现场记者沟通核实等。

落实到实践来说，对于娱乐领域账号，恶意炒作、失实内容、低俗的花边新闻和明星八卦，不予通过审核；对于汽车、科技、财经、房产、母婴健康类账号，若发布稿件中含有较多无阅读价值的广告软文，则不予通过；涉及色情、暴力内容的账号，不予通过；重大突发、名人去世、奇闻逸事等都是重点审查对象，需要多次核实。

2. 认真执行"三校"

全部稿件都应由专职校对人员负责校对。校对人员负责校样的文字技术整理，各校次的质量监督检查以及付印样的通读，对校对质量负责。专业校对不低于三个校次，重点图书、工具书、重大选题出版物等应相应增加校次，高标准严要求，确保校对准确无误。

在融媒体平台，校对工作贯穿于稿件写作、编辑与发布之前，主要方式为人工智能+人工校对。机器人新闻写作中，机器采集的数据可能包含错误、虚假信息，其生产的新闻内容就可能是失实的，编辑要对生成的内容进行事实核查，把好内容关。尽管网络发布的内容可以事后修改，但是由于网络发布迅捷，易扩散，影响力大，单纯依赖人工智能机器校对可能造成重大负面影响，因此人工智能校对并不能取代人工校对。人民网严格执行"三审三校"制度为融媒体专业化发展发挥了示范作用。

（二）实时舆情监测

融媒体平台集成大数据算法、人工智能和人工舆情监测功能，有利于及时发现舆情变化，正确引导和处理出现的舆情，倡导社会主义核心价值观，塑造风清气正的和谐社会。

1. 及时发现舆情变化并引导和处理

融媒体中心可以提供大数据处理、大数据分析、统计与推荐、舆情分析、大数据风控与大数据营销等服务。借助此项服务，新闻媒体在提取传感器数据时可自动识别和判断新闻价值与要素，提取出符合新闻生产要求的数据，同时可以鉴别出低俗、暴力等新闻内容。目前部分新媒体平台已经能够初步识别语音、图片和视频叠加的文字和水印中的不当内容。

例如，《河南暴雨后一网民辱骂河南人民被拘留10日》报道了一个网名为"鞍山动力车坊王东廷"的网民，在河南省郑州市遭受暴雨灾害之际，在微信群内公开辱骂受灾中的河南人民，被行政拘留十日。[①]

据辽宁省鞍山市公安局高新分局21日通报，2021年7月21日，该局接到群众举报：一网名为"鞍山动力车坊王东廷"的网民，在河南省郑州市遭受暴雨灾害之际，在微信群内公开辱骂受灾中的河南人民，无事生非并造成恶劣的社会影响。接报后，该局高度重视，迅速开展侦查工作，并将违法嫌疑人王某某查获。经调查，王某某对其违法行为供认不讳。目前，王某某因其寻衅滋事行为已被该局行政拘留十日。

1. 将舆情监测贯穿于采编发流程

在融合媒体平台，通过大数据分析软件"舆情大数据监测系统"，可以对指定主题，通过对全网舆情、地域舆情、热点追踪、终端数据、定向线索进行

---

① 张月朦：《河南暴雨后一网民辱骂河南人民被拘留10日》，https://baijiahao.baidu.com/s?id=1705892665094413177，2021—07—21。

分析，完成对资源池大数据的舆情分析和数据处理，及时报告舆情问题，形成舆情分析报告等，如川传云融合媒体采编发流程①（如图8-3）。

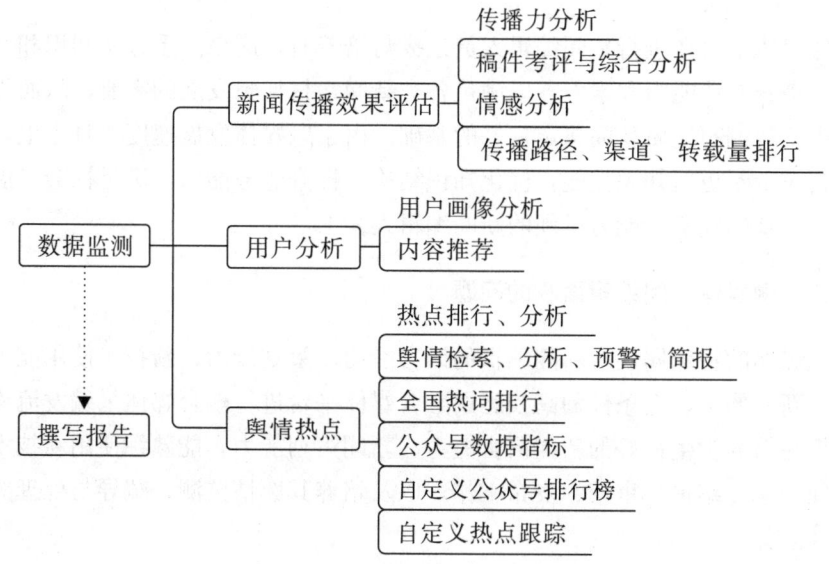

图8-3　川传云融合媒体采编发流程示意图

2. 重视受众反馈及舆论传播走向

随着核心技术不断突破，人工智能运用在新闻采集、生产、分发、接收、反馈中发挥巨大作用。技术是一把双刃剑，融合媒体平台的新闻管理者、新闻记者、新闻编辑应该因势利导，牢牢把握新闻及舆论传播走向。坚持用主流价值导向驾驭"算法"，全面提高舆论引导能力。

习近平总书记在2019年1月25日十九届中央政治局第十二次集体学习时的讲话中谈道："没有规矩不成方圆。无论什么形式的媒体，无论网上还是网下，无论大屏还是小屏，都没有法外之地、舆论飞地。主管部门要履行好监管责任，依法加强新兴媒体管理，使我们的网络空间更加清朗。"

（三）严格人员资质要求

融媒体逐渐和传统媒体合一，在审校人员选拔和培养方面也会更加严格，在变通审校渠道的同时，将向传统媒体标准看齐，根本要求不会放松。

媒体融合的目标是实现传统媒体和新媒体（台、报、网、端、微）同一个

---

① 《反思与超越·川传精品课程展｜融媒体实战，玩真的！》，https://mp.weixin.qq.com/s/u827LdMk7U815LDz6dC2ag，2019-12-30。

标准管理,以新技术为依托,坚持"内容为王",获得更好的传播效果。未来,融合媒体的竞争将会更加激烈,新闻中心对新闻从业人员的职业素养要求会更高。

融媒体平台在进行新闻编辑人员选拔与培养时,应该注重夯实知识和基本技能,培养专业能力和素养,以满足各类新闻素材编辑发展的需要,从而为日后各类新闻编写优质新闻奠定良好的基础。由于融媒体发展速度一日千里,新闻编辑应不断更新知识技能,优化知识结构,提升业务能力,满足社会发展需要,培养基础扎实、能力过硬的新闻编辑人才。

三、融媒体新闻编辑面临的问题

融媒体的特殊属性对新闻编辑的语言能力、策划能力、新技术使用能力都提出了新的要求,有条件的高校运用融合媒体平台进行融合媒体采编发流程训练,旨在培养学生良好的新闻语言能力、新闻策划能力,能熟练使用新技术进行新闻采集、编辑、审校、发布工作,以及培养其舆情监测、疏导与处理等综合媒体素养。

从新闻编辑来说,以下三个方面应该引起重视。

(一)提高资源整合与策划能力

融合发布提高信息的传播力、影响力,实现了传统媒体和新媒体的融合播出或发布。融媒体平台上应用融媒体资源管理系统来实现多渠道汇聚、资源统一管理,通过资源管理平台技术支撑,对各类信息来源、信息采编方式进行管理共享与融合发布。最后,实现同条信息于同一个时间段内在电视台、报刊和新媒体上采用不同形式进行播出发布。

新闻编辑要具备职业敏感,结合当下热点话题进行科学策划。2021年7月,《关于进一步减轻义务教育阶段学生作业负担和校外培训负担的意见》出台,各媒体抓住这一选题热点,从政府、学校、社会培训机构、家长和学生等角度进行新闻策划和报道,及时化解社会各界的忧虑,利于人们充分理解和支持政策的落实。例如,2021年8月19日《中国青年报》的《"双减"下的"关键"暑期,上海中小学生去哪儿》[①]就及时发布新闻报道,为学生和家长解答疑问。

---

① 王烨捷:《"双减"下的"关键暑期",上海中小学生去哪儿了》,http://news.youth.cn/sh/202108/t20210818_13175227.htm,2021−08−18。

（二）新闻制作新技术使用能力

融媒体新闻编辑都必须创新工作思路与方法，能够采用 AI、AR、VR 等技术，对新闻进行直播、二次传播、多次传播。例如，新华社卫星新闻实验室出品的《"神十二"乘组第二次出舱全记录》（如图 8-4）采用了虚拟主播"小净"、人工合成语音、虚拟三维图像，对观众难于理解、遥不可及的新闻进行了直观而生动的报道。

图 8-4　新华社卫星新闻实验室出品的《"神十二"乘组第二次出舱全记录》

融合新闻产品充分利用动画、VR、AR 等新技术再现新闻场景，并在模拟的基础增添了一定的趣味或互动元素，从而增强整个新闻产品的娱乐性和体验感。这一改变迎合了新媒体环境下的用户心理和娱乐需求，新闻场景的数字化再现因而成为人们喜闻乐见的视觉呈现方式。但也因为元素的增加，这些新兴的新闻场景再现方式引发了新的再现伦理问题。

（三）正确对待网络语言的使用

《国家通用语言文字法》《广播电视管理条例》以及《国家语言文字事业"十三五规划"（2016—2020）》都对传统媒体的网络语言使用做出了规定。2015 年年底，中宣部、中央文明办、中国记协联合发布《抵制网络低俗语言、倡导文明用语倡议书》，号召新闻媒体和网站担负主要责任，净化传播环境。

借助 AI 识别和编辑人工判定，融媒体平台可以实时监控网络新语的发展变化，在进一步完善法规，提供智慧支持的同时，及时发现、警示和纠正不当的网络语言也需要引起足够的重视。

第三节 融媒体新闻发布

广义的"新闻发布",是指通过新闻发言人或其他授权形式,运用新闻发布会、新闻媒体、政府网站、微博微信、客户端等平台,发布相关信息,表达观点立场,回应社会关切,解答公众疑问以及与公众进行沟通的相关工作。狭义的"新闻发布",是在融媒体中心平台上发布各类形式的信息,主要靠融合发布功能中的两微一端、互联网平台、广播、电视、报刊等模块进行。

新兴媒体的快速发展,使互联网成为社会生活中表达民意、畅通民情、汇聚民智的重要渠道。融合发布提高信息的传播力、影响力,实现了传统媒体和新媒体的融合播出或发布。融媒体平台上应用融媒体资源管理系统来实现多渠道汇聚、资源统一管理,通过资源管理平台技术支撑,实现对各类信息来源、信息采编方式的管理共享与融合发布。最后,实现同条信息在同一个时间段内在电视台、报刊和新媒体上采用不同形式播出发布。①

一、融媒体新闻的发布

融媒体新闻的发布应该按照基本流程,依法依规,及时主动,公开透明。2020年新冠肺炎疫情全球肆虐,中国坚持以人民为中心工作导向的全媒体新闻发布实践取得成功,群众真正的需求在哪里,党政部门的工作重点就在哪里,新闻发布的焦点就在哪里。围绕人民群众最关心的医疗卫生保障、交通防疫防控、教育防疫防控、社区村居防疫防控、科技战"疫"等主题举办新闻发布会,同时在会前、会中、会后利用全媒体平台做好传播,第一时间通报疫情防控的最新进展和措施成效,充分释放权威信息,及时回应公众关切,有效稳定市场秩序和社会情绪,从而稳定了民心、增强了信心、聚集了人心。

(一)新闻发布原则及内容

融媒体新闻的发布应该按照基本流程,依法依规,及时主动,公开透明。

(1)依法依规。严格遵守《中华人民共和国突发事件应对法》《中华人民共和国政府信息公开条例》《中共中央办公厅国务院办公厅关于全面推进政务公开工作的意见》《国务院办公厅关于在政务公开工作中进一步做好舆情回应的通知》等法律法规和有关文件规定,不得违反事实,不得泄露国家

---

① 王宏:《融媒体实务》,中国传媒大学出版社,2020年,第228页。

秘密，将依法依规发布信息贯穿于政府机关的决策、执行、服务和监督全过程。

（2）及时主动。及时、主动回应社会关切，发布全面、客观、真实、准确的新闻信息，澄清不实传言，接受公众公开咨询，解疑释惑，维护社会和谐稳定。

（3）公开透明。坚持公开为常态、不公开为例外，推进决策公开、执行公开、管理公开、服务公开和结果公开。

新闻发布主要形式包括新闻发布会或情况通报会、新闻通气会、记者见面会、背景吹风会、记者集体采访或单独采访，发布新闻公报、声明、谈话，利用电话、传真和电子邮件等方式答复记者提问，通过网站、论坛、微博、微信等新媒体形式发布新闻信息等。

（二）新闻发布的协调管理

融媒体要严守新闻纪律，积极配合政府做好新闻发布工作，在重要版面或时段及时、准确地报道新闻发布活动的内容，充分发挥新闻媒体的正面宣传和舆论引导作用。对涉及重大突发事件、重大敏感问题新闻发布活动的报道，必须送政府新闻办或发布部门负责人审阅，不得擅自抢先报道。

1. 规范新闻内容的审核把关

涉及政府重大工作部署和重要政策，须经政府批准；涉及与群众生活密切相关的各项重大改革方案以及可能引发社会敏感问题的，须报政府办公室审定；涉及突发事件和重大案件的，需吸纳政府新闻办、网信办意见，严格按照有关宣传报道管理规定办理，未经批准或授权，不得擅自发布。

2. 严格突发事件新闻发布的管理

对于突发敏感事件的新闻发布工作，参与处置部门要在政府新闻办的指导下，第一时间据实制定统一发布口径，授权新闻发言人采用各种发布形式统一对外发布，避免出现因为信息提供不足造成歪曲报道。融媒体应根据工作进展情况，持续发布权威信息。

例如，河南省人民政府网①对2021年7月的特大暴雨导致的洪灾，河南省人民政府网及其台、报、网、端、微及时发布新闻，发挥了动员社会各界齐心协力抗洪救灾的巨大作用（如图8-5）。

---

① 河南省人民政府网，https://www.henan.gov.cn/，2021-07-21。

图 8-5　河南汛情河南省人民政府

（三）新闻发布的基本流程

在融媒体平台上，把各类媒体采编的新闻或者信息，经播出发布流程汇聚到播出发布平台上，信息可以在同一个时间段内，经由平台向不同媒介播出发布，当然，也可以选择某一媒介单独发布，还可以把信息推送到互联网上和传统媒体平台，如电视台、广播电台、报刊等，实现多渠道、多平台、多媒介发布同一条有价值的信息。

融媒体平台的视频审核页面可以直接显示审核的简要结果和相应的视频、图文等。每条视频文件下有"一审、二审、三审"页签，默认显示审核人员和状态，鼠标选中页签即可查看对应的审核情况。播出的媒体不同，管理的权限就不同。传统媒体的播出管理权限体现在播出系统中，当总编审核通过后，由播出管理部门负责视频播出。融媒体平台同样设置了播出管理权限，由管理员划分播出部门的负责人权限，负责人审核点击之后，播出系统就会自动播出。

二、融媒体发布要坚持创新

新闻生产如何实现创新和突破，努力把更加丰富的内涵注入新闻写作，是个重大课题。下面我们将从内容、形式、技术三个方面着手，就融媒体时代的新闻写作创新提出见解。

（一）新闻传播内容创新

合理编排新闻，优化新闻传播形式。传统的新闻写作仅仅将文字和图片相结合。融媒体新闻积极融入视频、音频等形式，促使我国新闻媒体事业朝着现代化方向发展。

四川新闻网报道《四川峨眉山景区推出"灵猴雪糕"你舍得下口吗？》以生动活泼的文字和图片（如图8-6）介绍具有峨眉山特色的"峨眉灵猴"文创雪糕惊喜上市，读来饶有趣味。这样充满生活气息的"软"新闻同时达到了很好的四川文旅宣传效果。

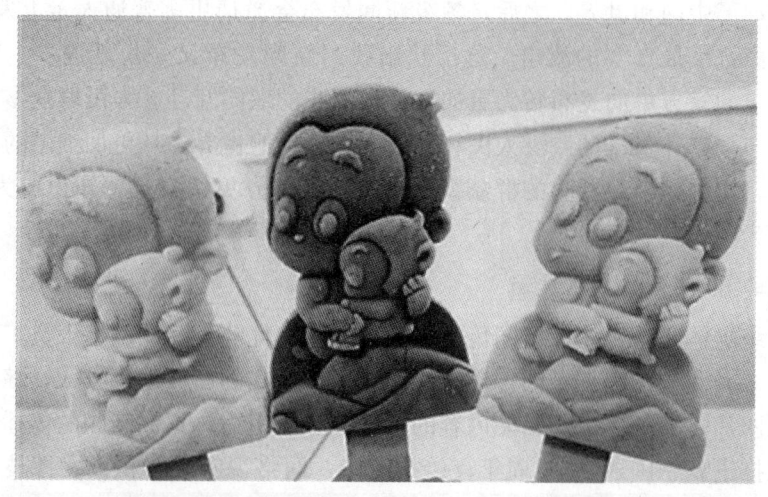

图8-6 《四川峨眉山景区推出"灵猴雪糕"你舍得下口吗？》新闻配图

四川三星堆文物雪糕、桂林象山景区冰淇淋山水雪糕、北京玉渊潭樱花雪糕……随着夏天的到来，不少景区在雪糕上做起文章。6月7日，记者从峨眉山景区获悉，最近具有峨眉山特色的"峨眉灵猴"文创雪糕也惊喜上市了。

据峨眉山景区工作人员介绍，"峨眉灵猴"文创雪糕由专业团队精心设计，将峨眉灵猴＋独具特色的峨眉三座山峰融入小小的雪糕，猴妈妈温柔搂抱着新生的小猴子，不仅憨态可掬，更觉温情满满，带你感受原汁原味的峨眉印象。

目前，"峨眉灵猴"文创雪糕有草莓、芒果、巧克力三种口味。这么可爱的雪糕，你舍得下口吗？[①]

（二）新闻传播形式革新

现代社会，人们的生活节奏越来越快，新闻传播形式不断推陈出新，大部分人更愿意通过快速浏览了解新闻内容，所以新闻编辑人员在对新闻内容进行

[①] 顾爱刚：《四川峨眉山景区推出"灵猴雪糕" 你舍得下口吗？》，四川新闻网，http://culture.newssc.org/system/20210608/001180852.html，2021-06-08。

编辑时,要善于形式创新和内容创新,采用文字、图片或视频的形式先简明扼要地概括整条信息,再叙述新闻内容。这样既能满足人们快速阅读的需求,又能提高新闻的传播效率。

在抗疫新闻发布中,人民群众走上官方发布平台成为重要的亮点之一。2020年2月下旬开始,来自武汉的医生、护士、民警、快递员和"90后"志愿者等相继走上国新办在武汉召开的新闻发布会,他们的故事得到传播与理解,感动了中国和世界。之后,各级新闻发布会邀请更多普通人走上发布台,讲述人民抗疫最真实的故事。这反映出我国新闻发布又一长足进步,即由高大、严肃的官方单向发布转为更加亲民、务实的双向互动。人民群众参加各级新闻发布会,让英雄的武汉人民和他们的故事传遍世界,从更加细微的民生视角切入,用更易引起共鸣的群众视角讲述,让各方更快实现"知识成为常识、事实成为共识"。

(三)新闻传播技术迭新

传统媒体和新媒体在新闻传播中拥有各自的优势,新闻编辑人员工作过程中结合二者优势,根据不同传播载体,采用组合式的新闻编辑方式,综合利用文字和图片、视频,提高新闻内容的真实性和吸引力,提高新闻的传播价值。

在推进新中国成立70周年宣传报道中,网络视听平台积极发挥技术赋予网络视听内容的丰富表现力和强大传播力,广泛运用4K(超高清)、AI(人工智能)、AR(增强现实)、VR(虚拟现实)、CG(计算机动画)、3D(三维立体)、航拍等先进技术手段,为献礼作品增添亮色。[1]

借助5G、AR、VR等技术手段,用户可以产生身临其境、"触"手可及的交互式体验,从"观看者"变成"参与者"。在融媒体的创新方面,新华网的"富媒体"[2]走在了时代的前面——

卫星新闻:换个角度发现不一样的家园。通过遥感卫星拍摄进行多层次影像呈现,观察地理变迁、追踪突发热点、聚焦城市演变、展示自然之美。

数理话:让复杂枯燥的数据"惊艳"呈现。将数据呈现为易于感知的图形符号,使洞察见解跃然纸上,轻松传达复杂观点。

身临其境:"触"手可及的交互式体验。借助5G、AR、VR等技术手段,受众"亲临"现场,360度全方位体验,从"观看者"变成"参与者"。

---

[1] 国家广播电视总局网络视听节目管理司,国家广播电视总局发展研究中心:《中国视听新媒体发展报告》,中国广播影视出版社,2020年,第82页。

[2] 新华网全媒体,http://www.xinhuanet.com/multimediapro/。

三、融媒体新闻发布全覆盖

2020年11月，中共中央办公厅、国务院办公厅印发《关于加快推进媒体深度融合发展的意见》，指出融媒体的发展要"坚持移动优先、一体发展，坚持多屏互动、矩阵传播，坚持平台与网络并用、内容与服务并重，加快推进广播电视媒体深度融合发展，打造一批具有强大影响力和竞争力的新型广播电视主流媒体，占据舆论引导、思想引领、文化传承、服务人民的传播制高点"[①]。

（一）形成融媒体矩阵

网络新闻媒体顺应时代发展需要，打造新闻传播矩阵。新闻媒体及时跟进时事热点并依据用户喜好，持续孵化特色栏目，打造传播矩阵。一是将网站和手机应用打造为资讯中心、观点中心，持续输出新闻资讯和观点；二是以视频账号为依托，形成热门栏目，并在抖音、快手、优酷、爱奇艺、西瓜视频、哔哩哔哩、微博、微视频、好看视频平台上进行实时推送；三是在微信公众号、头条号、百家号、网易号、QQ看点、新浪看点、搜狐号、大鱼号、小红书、新华号、人民号和中青号等渠道同步推送。

例如，新华社建立了阵容强大的新媒体矩阵[②]（如图8-7），包括微博、微信公众号、客户端（安卓和苹果系统）、抖音和快手、新华号等新闻发布通道，成为名副其实的"四全媒体"，即全程媒体、全息媒体、全员媒体、全效媒体。"四全媒体"中，"全程"突破了时空尺度，零时差、全天候，传播随时随地都可以发生；"全息"突破了物理尺度，所有信息都可以变成数据，用一个手机就可以获得；"全员"突破了主体尺度，从"我说你听"的一对多传播，变成了多对多传播，互动性也大大增强；"全效"突破了功能尺度，集成了内容、信息、社交、服务等各种功能，成为"信息一条街"。

[①] 广电总局印发《关于加快推进广播电视媒体深度融合发展的意见》的通知（广电发〔2020〕79号），中国政府网，http://www.gov.cn/gongbao/content/2021/content_5582647.htm，2020-11-13。

[②] 新华社新媒体矩阵，http://www.news.cn/xmtjz/index.htm。

图 8-7　新华社建立了阵容强大的新媒体矩阵

(二) 台、报、网、端、微协同联动

融媒体新闻发布的实践，突破传统新闻发布线下会议形式，通过 5G、AI、VR 等多种新技术的应用，实现了线上线下全面结合。各级主流媒体及部分境外媒体的系列网站、社交媒体、移动客户端等平台对官方权威发布会进行实时直播，在信息芜杂的疫情舆论场上放大音量，叠加频次，强调官方发布的权威信息。

新闻发布会前，通过"多微多端"进行议题预先铺垫式发布，既做好科普又提前辟谣，为重头的主新闻发布会提前扫除公众在情绪和认知方面的多重障碍。每日定时召开的新闻发布会则安排各级和境外媒体参会报道并全程直播，发布会后，组织各主流权威媒体通过短视频、图文、动漫和互动游戏等进行全方位的移动终端传播，发布会发布的权威内容频繁登上各社交媒体的热搜榜和话题榜。

成都广电云上新视听打造了全国一流新型视听 IP 孵化和内容生产平台，广电 MCN 模式核心在于面向多个网络平台生产多垂类、多账号的内容 IP，以矩阵化发展获取更多用户，形成强大的传播平台。[①]"云上新视听"先后与今日头条、西瓜视频、抖音、快手、腾讯企鹅号、爱奇艺号、百度百家号、微博、搜狐、网易、B站等十余个国内头部内容平台形成了稳定的战略合作关系。

激发"大屏""小屏"互通互哺的新势能。传统媒体的受众趋于老龄化，用于移动互联的手机、平板电脑等才是5G到达不同年龄受众群的集大成载体。因此，移动互联新媒体是新闻发布的核心阵地和主战场。上海广播电视台融媒体中心最核心的融媒体产品"看看新闻Knews"依托融媒体中心掌握的丰富优质的电视媒体资源，"巩固大屏传播优势，同时奋力突破，尽快形成'大屏与小屏受众互动、内容互哺、影响力互补'的传播格局"[②]。

（三）全链条内容传播智能体

无论是中央媒体或是地方媒体都充分利用5G、AI、AR、VR等新兴技术来打造场景化新闻模式。如中央广播电视总台的"央视频"5G新媒体平台，基于"5G+4K""AI+8K"，大力增强平台信息服务聚合与精准分发能力，提供专业性、针对性、亲民性强的媒体服务，拓展广电＋政府、民用、商用服务，提高平台价值和用户活跃度。

2019年11月，人民网建设传播内容认知国家重点实验室，顺应"四全媒体"发展趋势，推动媒体融合向纵深发展。

未来的融媒体传播主要围绕主流价值观精准传播理论科学与计算、内容智能审核和风控评级、基于内容传播领域的国家网络空间治理三个方向开展应用基础研究，积极探索智能计算设施在内容传播领域的应用；通过研究信息认知智能化、信息创作智能化、信息传播智能化和信息交互智能化，实现能够应用于内容传播全链条的传播智能体，助推媒体融合向纵深发展，引领网络内容生态领域健康有序发展，营造一个风清气正、符合人民利益的网络空间。

思考和练习

一、请举例说明融合媒体台、报、网、端、微联动的原则。

二、融媒体新闻编辑创新途径主要有哪些？

[①] 《广电媒体融合发展进行时》编委会：《广电媒体融合发展进行时：全国广播电视媒体融合先导单位、典型案例、成长项目（2020）》，中国广播影视出版社，2021年，第232页。

[②] 《广电媒体融合发展进行时》编委会：《广电媒体融合发展进行时：全国广播电视媒体融合先导单位、典型案例、成长项目（2020）》，中国广播影视出版社，2021年，第123页。

三、以人民网为例，谈谈融媒体时代新媒体坚持"三审三校"的重要意义。

四、结合实例，谈谈融媒体新闻编辑面临的问题。

五、融媒体新闻发布的政策和原则主要有哪些？

六、融媒体发布要坚持创新，主要表现在哪些方面？

七、新华网的融媒体矩阵主要包括哪些？

八、融媒体新闻发布如何做到台、报、网、端、微协同联动？

第九章　融媒体采写的创新发展

中国人民大学新闻学院教授、国家传播战略研究中心主任李沁提出"沉浸传播"这一概念，并探索当下媒介融合、虚拟现实（VR）、人工智能（AI）的特征趋势，及其对传媒业和人类生存的影响。该理论认为"第三媒介时代的沉浸传播技术，特别是虚拟现实和人工智能的发展，正在引发新闻体制和社会传播的巨大变革"。目前我们所提到的"沉浸传播"大多基于沉浸科技，如VR、AI等技术带给受众的沉浸体验，使得受众投入其中。克莱·舍基在《人人时代》写道："新闻的定义发生了变化：它从一种机构特权转变为信息传播生态系统的一部分，种种正式的组织、非正式的组织和众多的个人都杂处在这个生态系统中。"VR 新闻、数据新闻、机器人新闻、智媒新闻……这些沉浸传播技术的代表正走进公众的视野之中。

本章以融媒体采写的创新发展形式为主要内容，分别介绍 VR 新闻、机器人新闻、数据新闻等新的采写形式，包括定义、运用以及其优势和短板，希望探讨融媒体采写的未来发展趋势与路径。

第一节　VR 新闻

一、VR 新闻的兴起与应用

在 2016 年学者陈力丹总结提出的年度十个中国新闻传播学研究的新鲜话题里，"虚拟现实新闻成为流行"[①] 位居其中。VR（Virtual Reality），即虚拟

[①] 陈力丹、费杨生：《2016 年中国新闻传播学研究的十个新鲜话题》，载于《当代传播》，2017 年第 1 期，第 4 页。

现实技术,是一种创建和体验虚拟世界的计算机仿真系统。它提供一种多源信息融合的交互式三维动态视景,使用户沉浸其中,体验身临其境的感觉。将VR技术应用于新闻传播领域,使得传播媒介"听"新闻或"看"新闻发展成沉浸式"感受"新闻或主观式"探索"新闻,达到受众与新闻事件"零距离"接触。目前学界和业界尚未对"VR新闻"概念有明确定义,综合观点我们可以认为目前的VR新闻是"Virtual Reality"和"News"的融合体:利用计算机相关技术形成一种模拟的三维世界仿真环境,能够让用户在虚拟环境中沉浸体验新闻事件。学者李沁在《沉浸传播:第三媒介时代的传播范式》[1]一书中将依托过去、现在及未来的媒介形态融为一体,超越时空及任何界限的媒介形态称为"沉浸媒介",VR新闻亦包含其中。VR新闻三大特性可以归纳为3I:即沉浸性(Immersion)、交互性(Interaction)和想象力(Imagination)。VR新闻可以构建出虚拟技术下的真实场景,并且让人沉浸其中,脱离现实的真实环境,获得与真实世界相同或相似的感知,并产生"身临其境"的感受。

  2015年年初美国开始将VR技术引入新闻传播领域,最早的作品是由美国甘乃特报业集团(Gannett)旗下《得梅因纪事报》推出的《丰收的变革》,用VR技术向受众展现了美国爱荷华一个农场家庭并反映美国农业发展。自此美国新闻行业开始广泛尝试VR新闻。《纽约时报》开设VR频道,向100万用户发放相配套的谷歌眼镜,并发布关于难民儿童无家可归生活状况的VR纪录片《流离失所》(*The Displaced*)(如图9—1);美国广播公司(ABC)和有线新闻网(CNN)上线VR新闻频道,ABC推出其首部VR报道《叙利亚之旅》(*Inside Syria*),是关于叙利亚濒危文物秘密场所的报道,观众可以点进去自由探索,不同的人可能会偏向不同的兴趣点;美国PBS电视台制作VR新闻短片《埃博拉爆发》(*Ebola Outbreak*),讲述埃博拉病毒是如何在非洲肆虐的。除美国外,其他国家也在大力探索VR新闻,英国卫报和BBC也都尝试推出多类型VR新闻作品(如图9—2),卫报《6×9:单独监禁的虚拟体验》真实复制了囚牢的真实环境,受众可以体验囚犯经历,甚至能听到那些看不见的犯人在尖叫、呻吟、拍打墙壁,还能体验长期监禁后的心理幻觉,BBC《1943:柏林闪电战》则用VR技术将战争的残酷展现给用户。

---

[1] 李沁:《沉浸传播:第三媒介时代的传播范式》,清华大学出版社,2013年,第43页。

第九章 融媒体采写的创新发展

图 9-1　VR 纪录片《流离失所》片段

图 9-2　VR 新闻游戏《6×9：单独监禁的虚拟体验》画面截图及使用画面

　　2015 年至 2016 年我国一些媒体也开设了 VR 频道，开始尝试 VR 新闻报道，如新华网、新浪新闻、中国网等。例如《人民日报》在 2015 年推出"9·3"阅兵直播，让用户感受亲临现场的壮观体验；财新传媒与联合国及中国发展研究基金会合作拍摄 VR 纪录片《山村里的幼儿园》，关注贵州山村留守儿童的教育问题；2016 年在 G20 峰会的报道中，央视新闻通过 VR 技术与网站视频做链接与融合。近几年关于 VR 新闻的使用越来越多，并常见于场面宏大、观众难以亲临的新闻事件，如大型活动、抢险救灾、新冠疫情等报道。2019 年中华人民共和国成立 79 周年的阅兵式现场，新华社客户端构建了 VR 直播矩阵，集齐各种高科技设备，现场 12 个机位将这场规模空前的盛况即时进行 VR 传输，提供导播切换视角，受众可以根据自我需要自由选择不同机位，为上千万在线观看的观众营造身临其境的现场感；2020 年南方洪灾，为了让受众更清晰了解洪灾情况和危险程度，新华社采用 VR 新闻将洪灾现场展现在受众面前，同时使用 AR 技术模拟水位高涨刻度对人和环境造成的伤害，非常直观（如图 9-3）。2020 年 9 月，由 VeeR 和大象纪录出品，中国移动咪咕联合出品的新冠肺炎疫情 VR 纪录片《我生命中的 60 秒》上线，呈现了普通民众在疫情之下的生活百态，展现了生生不息的中国精神。

图 9-3 VR 洪灾新闻报道

二、VR 新闻的重构特征

（一）新闻叙事视角：从第三人称到第一人称

VR 技术如今在游戏行业有较大前景，因其逼真的感受和第一视角的冲击令许多玩家大呼过瘾。VR 新闻区别于传统新闻的最大特征就是视角的转变，从第三人称变为第一人称。传统新闻的叙事基本都是由传播者进行讲述的，也就是专业的新闻机构和专业的新闻记者，因而在受众的视角里是第三人称，即他者通过写、说、拍、制作等方式呈现出一个既定的事件框架，作为收受群体的受众和用户只能在有限视角里接收这类既定事件报道。VR 新闻通过接近人眼分辨率的视频分辨率，让受众以第一视角进入新闻现场，既是目击者也是参与者，不再是单一视角，而是自由探索，"记者所见"即"受众所见"。这样的叙事视角不仅让用户有了更多主动权，更增加了新闻事件本身与受众之间的双向交流，同时也为传统媒体提供了新的信息反馈。

（二）新闻呈现方式：从平面框架到立体场景

纸媒、广播、电视等旧媒体与今天依托电脑端和移动端的互联网新媒体，说到底都仍是二维化和平面化的，取景框和叙事逻辑形成平面框架的边界。而 VR 新闻着力打造的重要一环正是场景，其伴生的用户状态、空间环境和社交氛围直接决定着受众在 VR 新闻中的感受，其立体化、场景化的 3D 呈现突破了屏幕的平面物理空间和尺寸局限。

2020 年环球时报和腾讯新闻联合制作的《勇战》（如图 9-4）就是利用 VR 技术重现抗美援朝空战的宏大场面。受众进入作品后可以查看战机介绍，也可选择不同画面，每个画面都是实景的第一视角，有的可以看到盘桓在长城上空的敌机，有的是驾驶舱内的样子，有的可以看到冒烟坠落的敌机等，还可以自己探索案例介绍，点击"向英雄致敬"生成海报，包括人数、场景图、飞行员照片和生平简介，随后点击进入腾讯新闻。该新闻作品通过一连串的触发事件，真正将此专题报道制作为沉浸式新闻。

第九章 融媒体采写的创新发展

图 9-4　VR 新闻《勇战》截图

（三）新闻收受形式：从浅度交互到深度沉浸

VR 新闻的第一视角与超越平面框限的特点，使得受众拥有近乎报道者的感知能力和全知视角，完成从浅度交互到深度沉浸的过程。受众从媒体之外进入媒体之中，浸润到新闻现场里诉诸人的感知能力，VR 的互动手段深化了新闻传播的人机交互。受众在《勇战》里直观体验抗美援朝战争空战的危险，虽然跨越时代，却仍能感受到英雄们悲壮的情感；打开《流离失所》，看到在战火中颠沛流离的儿童，并通过点击、放大、旋转等交互操作自由探索出更多触目惊心的事实，这种感知是传统媒体难以实现的。

全知视角是新闻报道中常见的叙事视角，记者通过多方探寻材料写出更全面的视角叙事，尽管专业记者在写作时已经尽量全知，但这样的文本形式势必影响受众的自我判断。VR 新闻在一定程度上减少受众对叙事者视角的依赖程度，在这个 360 度的全景中，受众自主体验全知视角。在这个过程中，受众不是简单地阅读，而是一种自主选择。

三、VR 新闻当前面临的问题

当前 VR 新闻仍在探索更多可能，在融合多媒介的过程中打造沉浸式新闻。但我们不能忽略目前所展现出来的在发展过程中的局限和可能出现的负面影响。首先，并非所有新闻报道都适合用 VR 技术制作，比如对突发新闻而言最重要的时效性与 VR 新闻制作的烦琐流程和耗时是相悖的；其次，是否真实与客观，用户难以判断，由于第一人称叙事视角的影响，受众在观看 VR 新闻时会下意识带入某种身份因而受到某种群体感染，这实际上有损于新闻客观性;最后,还会引发新闻伦理问题,新闻在追求真实的同时还应关注人文关怀,但 VR 新闻中的暴力、战争、灾难等事件给用户及新闻当事人带来不可避免的伤害。

虽然 VR 新闻尚存在诸多问题和挑战,但对于转型期的传统媒体而言,以开放的姿态实践技术与新闻的融合是未来趋势,也是行业所赋予的新使命。

第二节 机器人新闻

一、机器人新闻的兴起与发展

机器人新闻,顾名思义就是由机器人完成的新闻,指运用算法对输入或收集的数据进行加工处理,从而自动生成新闻稿件的计算机程序,其最大的特征就是新闻生产的自动化。机器新闻写作遵循"抓取数据—分析数据—套用模板—生成稿件—人工把关"这一模式化的生产流程,可以在几秒甚至几毫秒内生产出一篇新闻报道。

机器人新闻写稿最早出现于 2009 年,当时一篇有关美国职业棒球大联盟季后赛的新闻正是出自一个名为 Stats Monkey 的人工软件。2014 年 7 月美国发生 4.4 级地震,震后仅三分钟,《洛杉矶时报》便率先发出相关消息,其实该篇报道的作者正是名为 Quakebot 的写作机器人。我国也于 2015 年开始进行机器人新闻的实践,腾讯在 2015 年 9 月推出的 Dreamwriter 仅花一分钟就完成一篇财经新闻报道;新华社在 11 月开始启用"快笔小新"机器人进行写作;今日头条的"张小明"(xiaomingbot)在里约奥运会期间 6 天共生成超 200 篇简讯和资讯,其效率和发稿速度都体现出机器人新闻的优势,如下文所示:

2016—08—09 03:28 · xiaoming 看体育

简讯:北京时间 8 月 9 日 03:00 时,奥运会乒乓球女子单打第四轮,现世界排名第 2 的丁宁在里约会议中心—3 号馆对战现世界排名第 22 的杜凯栞。比赛进行得精彩纷呈,最后在 7 局 4 胜制比赛中,现世界排名第 2 的丁宁率先获得胜利,以 4:0 晋级下一轮。①

---

① 《奥运乒乓女子单打第四轮 丁宁(中国)力克杜凯栞(中国香港)4:0 轻松晋级下一轮》,https://www.toutiao.com/a63165417780695187970/?channel=&source=search_tab。

除此之外《第一财经》"DT稿王"、《南方都市报》的"小南"和百度度秘解说等也相继展开工作。

二、机器人新闻原理及流程

机器人新闻实际上是一套软件或算法语言,自动采集数据并撰写成可读内容。"算法"指包含一系列复杂的数学规则、通过预先设定的步骤解决特定问题的计算机程序。

哥伦比亚大学新闻学院Tow数字新闻中心[①]在分析机器人新闻实际操作后总结出其运行流程[②],包括五个步骤:①读入大量结构化和标准化数据:越明显单一的数据,越易产出具有时效性的机器人新闻,比如天气或地震报道;②测量数据中的"新闻性":变化越大的数据越容易产出具有价值的新闻,比如变动很大的股票可能是重要的财经新闻,反常的数据也许构成关于新的世界纪录的体育报道;③找到合适的角度:机器人新闻的撰写实际上是限制在记者事先确定好的报道框架里,机器人根据当下数据情况进行算法选择,在既定算法中找到最具有新闻价值的角度进行报道;④将报道角度与数据中的具体事实相匹配,找到"故事点",即组合报道所需材料,材料来源既可以是当前新闻事件也可来自数据资源库;⑤生成报道文本:随着技术更迭,如今的机器人新闻除要求简单数据报道外,还希望其报道无限接近人类写作,因此算法会在生成报道文本时力求让枯燥文字变得可读性更强。通过加入形容词、副词、随机因素以及选择不同的叙事语气来让基础模板更加灵活多样,可读性更强。

三、机器人新闻的优势

(一)难以企及的速度

时效性一直以来都是新闻价值的体现,当前新媒体环境对"速度"的追求更为迫切,机器人新闻在这一点上的确有人类难以企及的优势。"快笔小新"输入一组股票代码仅用时3秒便可完成一篇财报分析,"张小明"在里约奥运会开始后的13天内,共撰写了457篇关于羽毛球、乒乓球、网球的消息简讯和赛事报道,每天30篇以上,不仅囊括了从小组赛到决赛的所有赛事,且其发稿速度飞快,几乎与电视直播同时,2秒内完成稿件并上传至媒体发布。

---

① 哥伦比亚大学新闻学院,Towcenter:https://towcenter.columbia.edu/。
② 邓建国:《机器人新闻:原理、风险和影响》,载于《新闻记者》,2016年第9期,第11页。

(二）精准分析的数据

大数据时代，依托数据的现实分析和未来趋势都更有迹可循，长期从事相关专业领域的新闻记者多数也都是整理和搜集信息的高手，但精准高效的机器人在这个领域的确完胜人脑，因而机器人新闻在数据分析上会更精准丰富，其失误率也更可控制。

（三）解放初级采编生产力

美国报业"记者的 24 小时都是报纸的"这句话广为流传，也形象说明了新闻行业工作的紧张程度。从广电时代的随时待命去现场出新闻到今天新媒体时代追热点赶热度丝毫不敢放松，新闻工作者的繁重工作量与其对新闻理想的追求逐渐有了裂缝：一位优秀的记者是社会的记录者、批判者和瞭望者，而不仅仅是生产简单稿件的工具，更不是没有休息时间 24 小时待命的机器，只有给出探索、调查、沉淀的时间，新闻事业的理想才能够延续。从这个层面来讲，机器人新闻是在解放新闻行业的初级采编生产力。《纽约杂志》撰稿人凯文·罗斯认为："机器人写作处理的是人类新闻从业者不愿耗时去做的与大量数据相关的体力活。"① 机器人新闻不仅能更精准处理数据报道新闻，更能让人类从繁重压力中解放出来，从而去探索更有意义的新闻工作。

四、机器人新闻的局限性

（一）写作模式单调，应用领域有限

机器人新闻是在既定的框架内进行词组句子和新闻事件的组合，因而机器人撰写报道就像在做完形填空题，只需要在设定好的语境中进行简单填充，那么对于特定类型新闻势必会出现模板单调、内容乏味的现象。即使今天技术发展让机器人新闻在模仿人类稿件的喜怒哀怨上已经卓有成效，但机器无法理解人类的复杂情感，比如明明输了比赛却"虽败犹荣"。同时，当前机器人新闻也只被用于采写编排的"写"环节，尚未扩大到互动式采访的领域。

（二）无法洞察细节

新闻事件是新闻从业者职业新鲜感、新闻写作创新感的体现，新闻敏感度缺失会直接导致新闻价值的缺失。机器人新闻能精确把握"数字"变化，如同

---

① 孙瑛：《机器人新闻：一种基于大数据的新闻生产模式》，载于《编辑之友》，2016 年第 3 期，第 94 页。

比环比出入太多,从而把握相关事件的新闻价值。然而不是所有新闻价值都来自宏大事件或颠覆级别的变化,有新闻敏感的记者往往是从平凡事件中挖掘新闻价值,能从细节中洞见真实与深度,从而生产出打动人的报道。从这一点来讲,机器人新闻是不具备对线索的挖掘能力的,更难以洞察那些打动人心的细节。

第三节 数据新闻及数据可视化

一、数据新闻

(一)数据新闻的发展过程

20世纪60年代,美国新闻业兴起依托问卷调查、民意测验等方式来获取数据的精确新闻报道,随后记者进行通俗解读、做出报道,其报道往往是在数据基础上进行简单加工,这是数据新闻的"前身"。不过真正意义上的数据新闻的产生,与"大数据"的出现有密切关系。大数据(Big Data)的概念最早源于20世纪80年代,2011年5月麦肯锡全球研究所发表专门研究报告《大数据:下一个创新、竞争和生产率的前沿》,使"大数据"这个概念走进人们的视野。

大数据时代,人类的行为模式被互联网等记录下来,传递到互联网上,各种复杂的行为被代之以代码"1"和"0",这些代码的背后往往可以反映出某些行为的深刻印迹。例如,人们上网浏览会留下"足迹",而这些"足迹"会被互联网记录下来,对一位受众在固定平台上的浏览足迹进行分析,便可得到大量行为数据,从这些数据就能获知其上网习惯、爱好等;人们出行会用到互联网地图以及乘车软件,如果对其出行时间、乘车路线或乘车方式、起始点与终点等进行分析,基本可以得到一份该用户生活工作轨迹圈报道。

在大数据时代,个人、组织、行业甚至国家无时无刻不在生产大量数据,当我们有意识地去挖掘和分析这些数据就能得到各种各样的信息。本节我们要详细展开的数据新闻就是报道数据并挖掘数据背后的深层信息。

(二)数据新闻的生产流程

德国之声记者米尔科·洛伦兹提出数据新闻的生产流程有四个步骤:数据、过滤、可视化、故事,即抓取、清理、构建并深入挖掘数据,根据特定目标（新闻选题）过滤数据，对数据进行可视化设计，制作完整的新闻故事。①BBC数据记者保罗·布拉德肖依照传统新闻学里关于"倒金字塔"的结构理论，提出了数据新闻的"双金字塔"结构，如图9-5所示。②

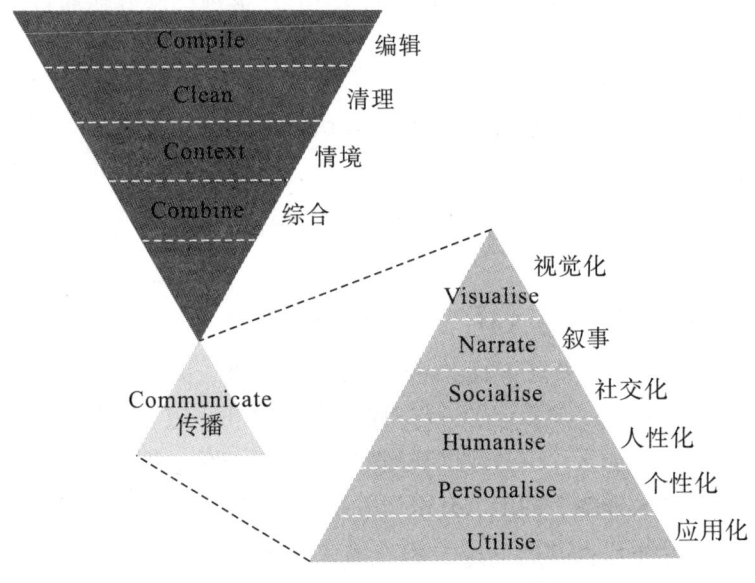

图9-5 数据新闻"双金字塔"结构

图中的倒金字塔自上而下是编辑、清理、情境与综合；而通过传播的连接所形成的正金字塔，自上而下则是视觉化、叙事、社交化、人性化、个性化、应用化。数据新闻的生产要把原始数据分析放入具体的新闻情境中，通过可视化、互动化的形式来呈现；如果能够为用户提供搜索、参与等个性化服务则传播效果更佳。在国外，英国《卫报》和美国的《纽约时报》《芝加哥论坛报》等较早开始实践数据新闻。在国内，人民网、新华网、腾讯、网易、财新传媒等比较重视数据新闻生产，基本上都有专门进行数据新闻生产报道的部门和专业人员以及呈现页面，如人民网"图解新闻"、新华网"数据新闻"、《新京报》的"有理数"和"图个明白"、腾讯"数据控"、网易"数读"、搜狐"数字之道"、新浪"图解天下"、财新网"数字说"等。数据新闻的生产主要有收集数

---

① Lorenz Mirko. Data driven journalism: What is there to learn? Edited conference documentation, based on presentations of participants. 2010. Amsterdam, Netherlands.

② Paul Bradshaw. The Inverted Pyramid of Data Journalism. http://onlinejournalismblog.com/2011/07/07/the-inverted-pyramid-of-data-journalism/.

据、处理数据、呈现数据三个步骤。①

数据收集指的是将数据汇总的过程，主要有主动收集和被动收集两种方式。主动收集往往需要凝聚大众的力量，通常的做法是设计一个在线调查问卷或者在线互动方式，让更多看到的用户参与进来，主动提供自己的实际情况来收集新闻报道所需要的数据。这种方式虽然操作耗时但数据来源广、真实性强。被动收集中的被动指的是非用户主动提供，新闻记者通过各种渠道搜集，一般都是从线上专业平台获取，如某些数据收集平台已经搜集好的内容，或某些单位公开的数据，但存在权限障碍或数据不全的情况。

数据处理是在数据收集之后的加工。数据处理的第一步应当是记者本人自我评估，评估范围包括数据的真实性和可用性，真实性指来源是否真实和内容是否真实，通过经验和认知做出判断，后续工作将在此评估之上展开。之后应该是对已搜集数据的筛选，主要是筛出可用数据，剔除重复或有误数据，此时可能需要借助一些专业平台来完成工作。最后将筛选出的数据加以分类整理，分析表层现象和深层原因，并从中挖掘出数据背后的意义，最终完成数据新闻制作。

二、数据新闻可视化

数据新闻可视化指的是用更生动有趣的方式来呈现新闻，其间包含时间、地点、数据，最主要的是可以实时交互。财新网数字说频道中的数据可视化作品的呈现方式多样、视角体验美观，比如依托 zepp 数字健康管理平台生产的《疫情时代运动图鉴——宅家生活如何锻炼》② 数据可视化作品将 2019 年与 2020 年人均步数加以对比，发现在减少外出的号召下，2020 年月均步数是 2019 年同期的 64%，并将全国省份进行横向对比（如图 9-6），发现西藏、甘肃、云南、青海是平均步数最高的四个省份。2018 年 4 月，财新网发起一份关于高校师生关系的调查问卷，试图探究高校师生相处的边界与现状③，针对每一个问题与答案都做出可视化的呈现，如用不同颜色代表不同性别，用可变化的词云表示多选题频率。财新网《新中国 70 年经济简史》报道④分上下两

---

① 《新闻采访与写作》编写组：《新闻采访与写作》，高等教育出版社，2019 年。
② 《疫情时代运动图鉴——宅家生活如何锻炼》，https://datanews.caixin.com/interactive/2021/huami/。
③ 《我们调查了 384 名学生与老师的相处状况》，https://datanews.caixin.com/mobile/interactive/2019/gaoxiao/。
④ 《新中国 70 年经济简史》，https://datanews.caixin.com/mobile/interactive/2019/70/。

篇，上篇《中国经济不断前行》以可视化呈现方式梳理 GDP 总量、同比增速、人均收入、基尼系数、A 股市值等数据，下篇《中国奇迹投射民生》则将目光投向人口红利、恩格尔系数、住宅投资、出行方式、医疗费用、教育经费等，形象生动，一目了然（如图 9-7）。新华网"数据新闻"电脑交互一栏就收录了《回顾百年珠峰攀登历史》[①] 的数据可视化报道，观看者可点击时间轴上任意一年，随之地图上会出现该年份相关具体情况，观看者还可将鼠标移动至自己感兴趣的登山线路以了解更多内容。这样的人机交互不仅清晰解释了数据，传递了信息，更能引发受众兴趣。

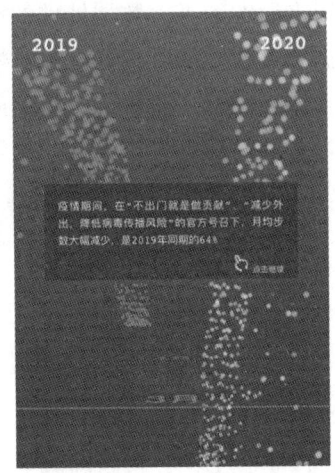

图 9-6 《疫情时代运动图鉴——宅家生活如何锻炼》报道截图

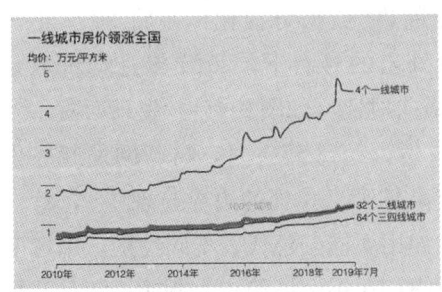 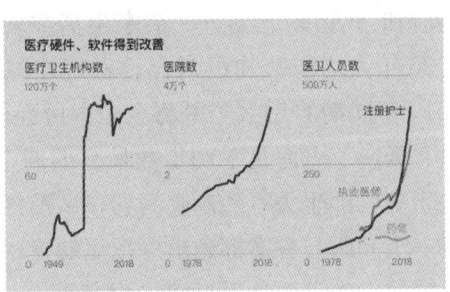

图 9-7 《新中国 70 年经济简史》报道截图

正如上文所言，报道数据既要体现出对数据的处理和挖掘，又要尽量用可视化形式呈现出来，这需要长期练习和经验总结。在数据新闻的报道和操作过

---

① 《人与珠穆朗玛峰：回顾百年珠峰攀登历史》，http://www.xinhuanet.com/video/sjxw/2020-12/08/c_1210634796.htm。

程中，有以下三点需注意。

1. 重视数据新闻的时效

数据新闻往往是对重要事件的解释总结，或重要时间节点的历史梳理，如"建国 70 周年""建党 100 周年"等，因而推出的时机也应着重考虑。

2015 年春节期间，中央电视台联合百度推出春节大数据特别报道，把大数据挖掘的价值与常规新闻报道的时效结合起来。在这档名为《据说过年》的栏目中，如图 9-8 所示，观众既可以直观地看到春运人口的迁徙情况，还可以了解人们的出行方式，包括各地机场、火车站的人口密集程度，以及空中航道的具体情况，能够实时看到全国范围内的飞机位置，还可以查看起降时间、飞机型号、机龄等航班信息。

 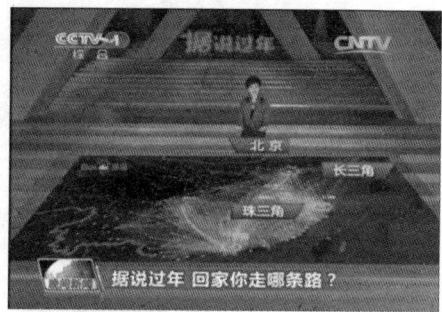

图 9-8　央视《"据"说过年》节目截图

2021 年东京奥运会期间，新华网数据新闻推出《百年奥运，中国成绩》[①]专题，回顾我国历年奥运历程，如图 9-9 所示。

---

① 《百年奥运　中国成绩》，http://www.news.cn/video/sjxw/2021-07/29/c_1211265890.htm。

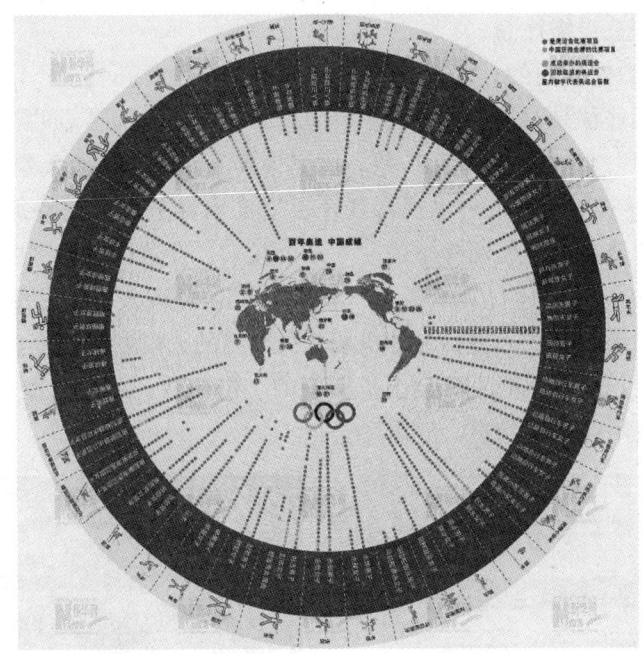

图 9-9 《百年奥运，中国成绩》报道截图

2. 准确交代数据的来源

传统新闻报道对数据和信息都要求有据可依，记者有责任向受众告知其来源，而在数据新闻时代，清晰可靠来源的数据更多是记者专业度的体现。一方面，数据的不真实与来源不明有极大关系，数据来源清晰透明，从一定层面也规避了记者报道失误的风险；另一方面，准确介绍数据来源也应成为数据新闻报道的基础操作，在合理位置注明来源，能为受众提供更多信息，让数据新闻意义更大。

3. 追求数据的洞察和解释

数据新闻的真正价值在于"洞察数据"，即通过数据挖掘和数据可视化，帮助用户发现和理解那些可能被忽略的事实真相。做数据新闻报道，不能仅仅满足于告诉用户"是什么"，还要启发用户去思考"为什么"。以财新网"数字说"2015 年的数据新闻报道《三公消费龙虎榜》[①]为例，该报道将官方公布的 90 多个中央级单位的三公消费数据录入数据库，然后加以图形化排序，随着鼠标移动到相应版块，会出现其具体数值，便于网友了解什么是三公消费、每个部门的支出和组成如何、人均支出如何等（如图 9-10）。这种生动形象的

---

① 《数字说—三公消费龙虎榜》，https://datanews.caixin.com/2013/sangong/。

展现形式,加上开放式的数据结构,让每个网友在浏览过程中都可以获得不同的启示。

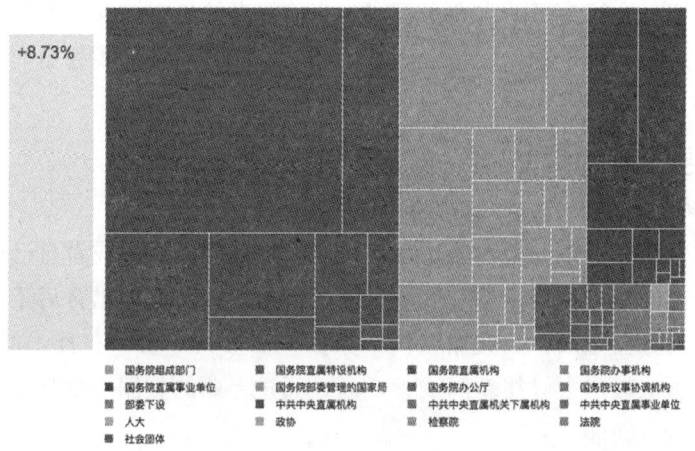

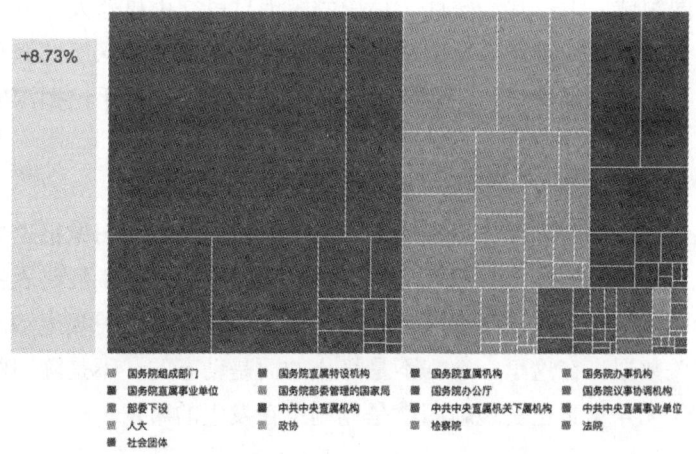

图9-10 财新网《三公消费龙虎榜》报道截图

三、数据新闻的意义

(一)新闻理念的变革

数据一直以来都是新闻报道中的组成部分,但传统媒体新闻生产理念对数据的重视程度并不高,只是在特定版块或新闻内容中根据需要引用一些数字,如财经版块等。而今天,"用事实说话"代替记者的主观判断,数据在相当程度上就是事实，从数据中提炼价值寻求意义成为新闻工作者新的工作方向。当新闻工作者在对数据进行采集、整理、分析时，其实潜意识里也站在用户的角度思考问题，想用户所想，从用户关心的数据出发，呈现更懂用户的数据新闻。用户的每一个行为每一次点击都成为当前热点的集中体现，通过对数据的观察运用来推动新闻个性化定制以满足用户的不同需求，已成为当前各大新闻机构的重要工作之一。

（二）生产方式的变革

1. 新闻采集

传统的新闻生产中，记者通过社会民众提供的新闻线索或者自己的职业敏感来获取新闻信息，从适合的角度进行新闻报道，并试图挖出背后不为人知的故事和深层的社会意义。大数据时代，数据资源极其丰富，在技术的支撑下，数据新闻不再依赖出去寻找新闻线索，而是通过专业的数据挖掘和分析，从而获取专业的数据新闻。

2. 新闻报道

数据新闻领域，由于其特殊性，枯燥的短消息可交由机器人完成，发挥算法优势。但是人工智能机器人只能从表面去呈现数据，无法深层挖掘和深度报道。因而在数据新闻报道中，记者要尝试突破表现方式，着手挖掘深层次的内容，而不是流于表面。

3. 呈现方式

纸质媒体利用文字和图片呈现信息，广播电视用声音和图像报道新闻，包括图和表，只是传统媒体上的图表呈现方式往往比较单一，一般是表格或示意图。而在新媒体平台，数据新闻可以利用多媒体的特征，以美观生动的可视化形式呈现相关数据。在这里，数据不是静止的而是动态的，不是陈旧的而是实时更新的，这无异于真正实现新闻就是此刻正在发生的事情。

（三）数据新闻生产带来新闻队伍的变革

传统的记者形象是扛着摄像机、拿着话筒采访别人，这是由传统新闻工作内容决定的，"采、写、编、评"是记者业务能力的体现，而即使要使用数据，一般也是对现成数据加以报道和传播，顶多针对数据做简单分析。随着全媒体时代到来，"大数据"这个词充斥着我们的工作和生活，受众对数据的需求也不再局限于既定数据或简单分析，而是希望看到更精确精准的数据和敏锐全面的数据解读。这就要求记者不仅要掌握搜集数据的能力，更要学会从数据中挖掘出独特意义。首先，从事新闻工作的人员要意识到数据思维的重要性，不仅要有新闻敏感，更要培养起数据敏感，以较快反映感知变化，扮演好把关人的角色。其次，需培养更适合数据时代的专业技能。新闻工作者不仅要在这个"人人都有麦克风"的时代秉持专业素养，做好采写编排工作，还要掌握数据提取技术和数据可视化呈现方式等。最后，要转变心态，调整角色。数据新闻方兴未艾，部分新闻从业者感受到威胁，不断唱衰人为新闻，认为未来机器人可能会大量取代人类记者，那时候人类记者将面临失业等巨大压力。但其实就如我们上一节讲到的那样，虽然从时效性、准确性上人类记者无法与人工智能抗衡，但人类记者文字特有的温度和笔下的深层解读是人工智能永远也做不到的。面对新的技术，要理性对待，不应盲目悲观、盲目恐惧，而是应转变心态，调整角色，将目光聚焦在数据的深度解读与传播意义上，发挥人的思维优势和记者的专业优势。

四、数据新闻生产的反思

数据新闻作为一种新的实践方式正在特定领域发挥着积极作用，并且带来颠覆性改变，包括技术呈现和工作内容。但是，数据新闻在应用不长的时段内已经出现其局限性，我们应当及时反思。

（一）数据的真实性问题

首先，数据新闻以其客观、准确、快速，并能代替人脑处理数据为最大优势，因为数据新闻基于提取、分析数据的功能，而不是辨别信息的真伪，所以数据新闻真实的大前提是数据必须真实且有意义。其次，新闻的第一要义也是真实，报道传播不真实的信息对受众是一种损害。而今互联网上充斥大量信息，失实新闻不少，失实数据更多，给数据新闻的准确性造成极大困扰。数据失实的原因主要有以下几点。一是数据来源多样化，因为网上的数据既可以是官方组织提供，也可以来自个人网民，这样一来真实性难以保障；二是数据更新换代速度跟不上实际变化，这是一个日新月异的时代，数据时时刻刻都在变化，但网上充斥的大量数据可能年代久远或缺失有所缺失，给数据新闻生产造成阻碍；三是虚假数据干扰大，网上很多数据根本经不起推敲和求证，进一步扰乱数据新闻的真实性。

（二）数据新闻缺少人文关怀

曾几何时，我们因"总有一种力量让我们泪流满面"而感动，为"因为你的希望就是我们的希望"而动容，那些字里行间饱含真情的文字通过记者向读者讲述一个又一个普通中国人不平凡的故事。而今数据新闻追求的是严谨的信息、机械的分析和冰冷的处理,没有故事,没有温度,没有思考,仅仅是将数据提炼、分析、输出,得出结论来证明某个问题。但新闻的作用不仅仅是单纯传递信息,更是一个社会良心的体现,讲好中国故事,传播好中国声音,单靠GDP连年增长的数值是远远不够的。数据新闻里的数据固然重要,给数据赋予更多人情味儿的叙述也是未来应该思考的方向。

(三)对用户隐私的侵犯

从今日头条"你关心的,才是头条"到淘宝"猜你喜欢",再到抖音的"为你推荐",当下人们总有一种感觉:"好像手机在监视着我。"这种监视是无处不在的,从人们的新闻选择到阅读习惯,从购物趋势到消费心理,美其名曰"大数据更懂你",但其实是对用户隐私权的侵犯。当一位读者在阅读从数据信息编织而成的庞大"数据网"中提炼出的"大数据新闻"时,殊不知自己也不知不觉成为组成这张网的千丝万缕之一,个人的身份信息和隐私毫无遮挡地暴露在大数据面前,每个人都被动成为样本。更有甚者,利用各种渠道倒卖用户数据,使用户不仅在互联网领域受到侵害,甚至在现实生活中也会受到影响,因而引发用户对该种现象的担忧。

数据新闻作为新兴的新闻实践的确显示出很大优势和鲜明特点,但其局限性也不容忽视,新闻工作者更应在实际工作中发挥专长,反思缺陷,兼顾法律和人文,在未来将数据新闻更合理地运用在工作之中。

思考和练习

一、结合实际,谈谈VR新闻未来适应的新闻报道场景有哪些。

二、机器人新闻的长处与短板分别是什么?

三、数据新闻的价值是如何体现的?

四、随着技术发展,你认为未来可能还有哪些技术运用于融媒体新闻领域?

五、作为一名新闻工作者,应该如何应对这个日新月异的时代?

六、以年级或班级相关数据为基础,尝试完成一则数据新闻。

后 记

《融媒体采访实务》是我院"广播电视学实务系列教材"之一。四川传媒学院推进应用型本科整体转型改革后，我们结合最新研究成果，根据国家融媒体建设方针部署，编写了这本能够直接提供专业学习指导的理论教材，致力培养学生在融媒体环境下进行实践创新的能力。结合教学实际经验和业界最新研究成果，我们不断修改，不断检验，最终于2021年8月完成全部书稿撰写。

在本教材的编写工作启动后，全体撰稿人员认真研究了融媒体采访和融媒体写作以及新闻采访与写作等诸多教材，分析、借鉴了它们各自的长处，关注并吸收了最新研究成果，搜集了大量融媒体传播案例，力图尽可能完善地阐述清楚融媒体采访的特色与特点，吸纳各方采访报道的成功经验与优秀作品，以此来扩大视野，增强本书的学理性和个案的鲜活性。我们还对教材写作的体例进行了多次研讨，最后确定了现有框架。本书撰写分工如下：

本系列教材的总序由四川传媒学院融合媒体学院冉光泽教授撰写。本书各章节编写分工如下：序言（李国光），第一章《融媒体概述》（马东丽），第二章《融媒体团队培养》（马东丽），第三章《融媒体采访的准备工作》（马东丽），第四章《融媒体采访的方法》（李国光），第五章《融媒体新闻的采访实践》（李国光），第六章《融媒体新闻的信息运用》（任静宜），第七章《融媒体新闻写作》（王强春），第八章《融媒体新闻的编辑与发布》（王强春），第九章《融媒体采写的创新发展》（任静宜）。任静宜和马东丽负责本书统稿、整理和审定工作，并对全部文稿进行了资料核对、错讹订正。

本教材编写和出版得到了融合媒体学院所有老师的支持与帮助，也得到了四川大学出版社的大力支持，该社徐燕老师给予了指导和帮助，特此表示衷心感谢！

由于编写时间仓促，水平有限，加之融媒体发展迅速，本教材必定存在不当或错误之处，我们恳请各位专家、读者批评指正。

马东丽　任静宜
2021年8月31日